JN438494

인생살이도 리모델링이 필요해

이남구 에세이

인생살이도 리모델링이 필요해

이남구 에세이

신아출판사

::책머리에

세상(삶, 인생)도 리모델링이 필요합니다

같은 세상살이도 변화에 충분히 대처하지 못했으니 제목이 그리고 내용을 장식했습니다.

그러기 위해 나이 먹어가는 우리도 달라져야 하겠습니다.

오랫동안 살던 집(아파트)을 Remodeling했습니다. 새 집같이 되더군요. 기분도 달라지고 행복했습니다.

집을 옮기는 것도 생각해 보았지만 그대로 두고 리모델링하는 것도 괜찮을 것 같아서요. 우리의 삶도 달라지고 시대 변화에 맞춰 리모델링하자는 점에 초점이 맞춰진 작품이라 생각합니다.

1장이 주로 그런 인생 이야기입니다. 2장은 글 쓰는 고민에 치우쳐 보았습니다. 3장은 현실에서 실제적으로 Remodeling해야 하는 입장이고요. 4장에서는 그러기 위해서 건강해야 하겠다라고 생각했지요.

5장은 해외여행 기행문입니다. 생각을 바꾸기 위해 나라 밖을 보아야 한다고 어줍잖게 생각했지요.

글쓰는 일이 게을러집니다. 다시 생각해서 생각도 Remodeling해야 하겠다고 봅니다. 많이 읽고 생각하고 자판을 두들겨야 할텐데 말입니다.

무엇이 그리 바쁜지 하는 일도 별로 없으면서 바쁜 척하는 것 같아요.

나이 먹은 사람만 리모델링 속도가 늦습니다다. 삼성전자는 계속 리모델링을 해서 애플을 이기고 있지 않은가요. 사는 동안이라도 계속 리모델링하고 싶지만 머리가 따라 주지 않고 기억력이 더욱 그렇습니다.

아들은 그냥 편히 살으란다. 무얼 물으면 무엇하려고 알려 하느냐고 반문한다. 아들 저도 모른단다. 나는 그런다. 네가 모르면 누가 알겠냐고 되묻는다. 일류고교(전북과학고), 일류대학을 나와 프리랜서로 대기업체만 다니며 고연봉 생활을 하는 아들이 하는 소리다.

그런데 나는 리모델링 못하는 게 있어 식구들한테 핀잔을 듣는다.

술을 끊으라고 하는 소리다. 나는 대답하며 역리모델링 자세를 취한다. 적당량만 꼭 마시겠다고. 그리고 사실 마음속으론 수십 번 다짐했고 무척 노력하는데 규칙 위반은 술이 술을 먹도록 하고 같이 마시는 친구가 규칙 위반하게 한다.

리모델링은 건축 개보수를 의미하는 용어입니다. 부부사이에도 리모델링이 필요하고, 삶에도, 그리고 급변하는 현 사회에서 많은 것들이 리모델링해야 할 것 같습니다.

부족한 글들입니다. 노력해야겠다고 하면서 실천을 못합니다.

서평을 쾌히 써주신 정목일 수필 대가님께 감사드리고, 신아 출판사도 감사드립니다.

2016년 10월에

저자 봉강 이남구

:: 차례

제2부

제3부

제4부

제5부

도전 없는 인생
그래도 아름다운 세상
생의 참회
내가 다시 태어난다면
지키지 못하는 나의 결심
세상살이 뭐 다 그런 거지 뭐
세상 요리(아쉬운 소리)
오늘은 왜 이러지?
상처 낸 우정
자신을 사랑할 줄 모르는 바보

도전 없는 인생

어느새 인생을 이야기할 때가 되었나 싶다.

기억력은 뒤지는 걸 느끼나 아직은 더 무엇이든 할 수 있는데 말이다.

20세 갓 지나 교직에 발령을 받아 근무하다가, 군대 마치고 복직하여 직장생활을 하며 40년 가까이 근무하다 퇴직했다. 초등학교, 중학교, 여자고교, 남자고교에서 근무하였고 대학에 진출할 수 있는 기회가 있었으나 꿈이 적고 조건이 안 되어 달성 못 했다(?). 사립학교이기에 승진에 대해서는 관심이 적고 순풍에 돛 달고 항진한 세월이었다. 공립학교였으면 달랐을까?

특별한 잘못 아니면 직장을 쫓겨날 염려는 없고 처음 2년 외에는 직장이 멀어서 고생해 본 일도 없었다. 산골에 들어가 하숙하고, 자취하는 고생도 거의 없었다. 총각일 때 섬에서 2년 그리고 가까운 곳에서 5년 통근하며 지냈다. 고생이라기보다 오히려 즐거움이었고 지금 생각하면 아름답고 낭만적인 추억으로 남는다. 그 후는 계속 10분 ~20분 내에 출퇴근할 수 있는 직장이었다.

식구 중에 아내가 교통이 불편한 추운 겨울에 통근하느라 고생했을 뿐이다.

아이들도 별 어려움 없이 원하는 학교에 다녔고 열심히 공부하여 일류대학을 졸업했다. 40대 초반에 서울로 직장을 옮길 기회가 있었고 교직 아닌 정치(?)방향, 식구들이 같이 갈 수 없고 나 혼자 간다는 게 어려워 포기했다. 나의 생활에서 평범한 것이, 평범한 사람이 행복하고 편안하다고 느끼며, 살았던 것 같다.

도전을 하고 꿈을 가지고 욕심을 크게 가졌어야 하는데 그것이 없고 그냥 현 업무에 충실하며 살았다 할 수 있다. 군대에 있을 때 우스갯소리로 감방에 한번 가보면 어떨까 생각해 보았다.사회가 아니고 군대니 호적에 빨간 줄이 오르지 않는다 해서 그랬는데 못했었고, 전방이나 월남에 가보려고 지원했으나 논산 훈련소에서 4 주간 훈련 받고 계속 부산 한 부대에서 근무하다가 제대했다.

파출소나 경찰서, 교도소는 몇 번이나 갔었던가? 6 · 25때 집 옆 지서에 밤사이 총소리가 계속 나서 새벽에 나와서 보니 감옥소 벽과 바닥에 피가 묻어 있는 걸 보았다. 시체가 옆에 가마니로 덮여 있는 모습이 지금도 가장 끔찍한 지서 모습이고 고2 때 무전여행 가서 도둑으로 몰려 하룻밤 자는 억울한 수모를 겪었다. 자동차 사고로 한번 들르고 학생 문제로 경찰서에 들른 일이 전부다. 나에게 큰 고통과 시련이 없어 인내하고 참을성을 기르는 기회가 적었는지, 자신이 생각해도 끈기가 부족하고 지속적이지 못하다.

혹독한 추위를 이겨낸 장미가 아름답다는 말을 음미해 본다. 어릴 때 어머니를 일찍 여의고 가난해서 고생했지만 부지런한 형 때문에 면했고, 결혼해서는 착하고 영리한 아내 덕분에 큰 고생 없이 살림을 일구어 살아왔고, 자식들이 말썽 없이 착하게 자라 주었다.

부모한테 건강한 몸으로 태어나 크게 아파서 고생도 안했다. 다리를 다쳐 입원한 경험과 축구하다가 아킬레스건이 파열돼 수술했던 것과 넘어져 깁스했던 것 최근에 시술 정도, 병원에 오래 신세를 진 적도 없다.

취미도 대중적인 것 같다. 돈 많이 든다는 골프는 하다가 말고 어릴 때 축구하고 지금은 시간이 있으면 등산을 즐기고 술도 즐기고, 노래방에 가서 노래도 하고 책 읽기, 영화 보기 등 평범한 취미와 대중적인 오락을 즐기는 편이다.

독서와 TV 시청의 경우도 게으름이 나타난다. 독서는 매일 정기적으로 2시간 하기도 힘들고 지속적이지 않지만 TV 시청은 편안히 2시간 이상을 하는 셈이다. 문학작품을 책을 통해서 읽는 것과 영화나 드라마, 비디오로 보는 경우 머릿속에 남는 것이 비교가 될 것인가? 신문을 읽고, 칼럼, 사설을 곁들일 때와 TV에서 뉴스를 보고, 해설을 보는 것과는 읽어서 이해하는 것이 더욱 자세하고 확실한 것은 두말할 것도 없다. 물론 TV가 생생하고 현장감이 있는 거야 무시 할 수는 없다. 책을 읽는 것이 더 좋은 줄 알면서도 게으르고 평범한 성격 때문에 쉽고 편한 것을 선호하는 것이었을 게다.

언젠가 생일 때 산업체에서 병역 특혜로 근무하며 받은 월급으로 작은 아들이 옷을 사준다기에 따라갔더니 40만 원짜리 옷을 골라 보라고 했다. 나는 20만 원짜리 2벌을 사 주라고 했다, 그랬더니 그냥 한 벌만 사주고 말았으니 손해 본 셈이었다. 맞춰 입던 시대나, 기성복을 사 입던 때나 고급 옷을 선호 하지 않고, 오히려 색깔이나 디자인이 맞으면 값이야 싸든 비싸든 가리지 않고 사 입었다. 요즘 신사복을 사는데 아내 의견을 좇아 보통 옷보다 4,5배 비싼 옷을 사서 입는 건 예외다. 비싼 모직만으로 된 옷을 입으면 잘 구겨지고 입기에 불편하니 오히려 잘 구겨지지 않는 옷이 편하고 성미에 맞는 것 같다.

식성도 싫어하는 게 없이 잡식성이라고 할 수 있어 식사할 때, 굳이 고급을 가리지 않는다. 돈이 너무 많아도 거창하게 출세해도 거추장스러움이 있을 것이고, 너무 가난하고 너무 어렵고 힘든 직장이나 직업도 굉장히 힘겨울 것이다. 평범한 것이 가장 행복하다는 말과 같이.

학급에서 일등을 하는 학생이 자살한 경우를 봤다. 일등을 계속해야 하는 어려움도 보통이 아닐 것이고 꼴찌하기도 쉬운 일은 아닐 것이다. 각종 직업에 스타라는 사람들의 고충을 종종 들어 보는데 우리 같은 사람들은 그런 걱정이 없으니 얼마나 좋은가?

나에게는 고등학교 시절이 교사되기 위한 과정이었는데 이 과정만 거치면 평범하게, 편안히 생활할 수 있었는데 도전적으로 꿈을 향해 거칠고 험한 바다를 향해한 선배 또는 친구들이 있었다. 대학에 진학하여 평범하게 중,고 교사의 길을 갈 수 있는데 이를 과감히 버리고 작가가 되기 위해 직장을 버린 Y작가, 오늘 날 대학교 교수에다 알아 주는 소설가도 있다.

우리 대부분의 동기들이야 집안이 가난해서 바로 취직하여 생활을 영위해야 했기에 대학은 처음에는 꿈도 못 꿨다. 그러나 미래를 알고 부모께서 현실을 아는 환경에 있는 동기들은 서울에 있는 대학에 진학하여 군대의 중요 위치, 법관, 언론인, 대학교수, 환경계통 요직에 있었던 걸 보았다.

나는 추위에 떨지 않았다고 할 수 있고 그냥 평범 속에 안일을 찾고 세월이 흘러감을 모르는 체 지내며 살아 온 것 같다. 더욱 적극적이지 못했다.

물론 운도 없었던 것 같다. 같은 재단인 대학도 총장을 내부에서 승진시키지 않고 외부에서 계속 영입시키고, 고교에서도 대학 또는 외부에서 영입하는 경우가 대부분이었고 신앙심이 부족한 종교 학교가 나의 적성에 맞지 않은 점도 있었다고 보아진다. 명예를 쫓아 정치적인 현장을 누비다가 가정 파탄을 이룬 경우도 보고, 아니 그냥 평범한 인생이 위안이 되는 안일함도 없겠는가.

영국 런던의 아웃사이더인 Goth족은 Gothic 문화에 뿌리를 두며 죽음과 공포, 어둠을 지향한다. 그들은 검은 색 옷을 입고 해골과 장신구로 치장하며 얼굴은 하얗게 화장하며 무언가 특별하게 살아가고 있었다. 평범을 배격하고 비범을 지향하는 무리들이다. 뜨거울 때는 뜨겁고 차가울 때는 차가우며 사랑할 때는 사랑하고 미워할 때는 미워하는 절도에 평범함의 미덕이 돋보이는 것일 텐데 미지근함에 싫증을 느낀 것일 게다.

평범 속에서 행복을 추구한 내 인생은 혹 실패한 인생이 아닐까?

그래도 아름다운 세상

우리 아파트 주변에 야생 고양이 (길 고양이, 도둑 고양이)가 몇 마리 보였다. 주차해 놓은 차 밑에 숨거나 어슬렁 어슬렁 다니거나 주변을 돌며 야옹야옹하며 울기도하고 담벼락으로 빠르게 지나가는 모습을 가끔 보며, 언제는 배가 고파 음식 쓰레기장에서 나오는 모습도 보았다. 한번은 배가 고파 그러는가 싶어 먹이를 구해 녀석들 눈에 보이는 넓은 곳에 던져 주었더니 반응이 없었다. 배가 고프니 얼른 와서 먹을 것이다 생각 했으나 바로 반응이 없기에 잠깐 보다가 지나쳤고 어디 갔다 와서 보니 치워지고 없었다. 청소하느라 치웠는가, 아니면 고양이가 와서 내가 보거나 사람들이 안 볼 때 먹었는지 알 수는 없었다. 그때부터 가끔씩 고양이가 보일 때마다 관심이 가기 시작했다.

고양이에 대한 나의 느낌은 별로 좋지 않다. 만나서 나와 시선이 마주칠 때는 섬뜩하고 나에게 달려들면 어쩌나 하는 불안감이 오히려 많았다. 어릴 때부터 보아 온 쥐를 잡거나 먹이를 잡는 모습에서 느껴온 선입견이라 생각된다. 개는 키워보진 않았지만 귀엽고 주인과 같이 다정히 다니는 모습을 볼 때 한번 키워 볼까 하는 마음도 생기기는 했으나 주거지가 아파트이기에 실천을 못했으나 이웃이나 친구 특히 시골

큰집에서 귀엽게 키우고 자라는 모습에 호감을 느끼곤 했었다. 나이가 드니 그런가 일요일에 즐겨보던 '동물 농장'에서 주인과 개의 애틋한 사랑 소통 때문인가 생각된다. 인간과 인간의 정보다 인간과 개의 정에서 느끼는 눈물겨운 애정의 장면 때문인 인 것도 같다. 이런 사연으로 새삼 고양이에게도 관심이 더 가져지는 요사이였다.

여기에 더 새로운 일은 야생 고양이에 대한 사람들의 관심, 애정의 놀라운 현실에서 더욱 아름다운 모습을 보았다.

우리 아파트 같은 라인에 살며 전에 통장도 열심히 헌신적으로 하셨던 분이시다. 우리 같은 동에 동 대표가 없으니 나보고 해보라고 부탁해서 동 대표 지원 마지막 날 하게 된 계기를 만든 아주머니시다. 어느 날인가 하얀 조그마한 통을 들고 가시기에 무엇인가 했더니 고양이에게 먹이를 들고 가시는 중이었다. 아파트 입구 나무가 우거진 곳에 고양이 먹이를 갖다 놓으면 찾아와서 수시로 먹고 가곤 한단다. 몇 번 보았다. 얼마 후에는 고양이를 가슴에 안고 먹이를 들고 가시는 모습이 보였다. 야생 고양이 아닌가? 나는 멀리에서만 본 고양이였는데 이번에는 상당이 가까운 거리에서 보았다. 처음에는 놀라웠다. 여러 번의 만남으로 친해지고 손수 안고 다닐 처지가 되었으니 얼마나 가까워진 사이인가! 괜찮으냐고 묻기도 했다. 사람이 고양이를 싫어하고 미워하지 고양이는 그렇지 않다는 말씀이셨다.

낮에는 잘 안 보이기에 밤늦게 만나 먹이를 주고 만나며 이름을 부르며 외치면 어디 외진 곳에 살며, 숨었다가도 달려온단다. 신문에서 보니까 수천 마리의 유기된 개 고양이가 많다는 데 옆 집 아줌마는 아파트 앞에 사는 고양이에게 먹이를 집에서 남은 음식은 물론이고 일부러 먹이를 사다가 주시는 모습을 볼 때 그냥 가볍게 보아 지지 않고 무척이나 동물을 사랑하는 진정 아름다운 모습으로 보여 감동적이었다. 고향 시골에서도 고양이를 키우셨다고 한다.

유기되어진 개와 고양이를 한두 마리가 아니라 여러 마리를 키운다는 친구 부인의 이야기도 들었다. 인간이 딴 동물에게 베푸는 정이리라.

이 경우는 인간과 동물의 아름다운 모습이지만 아프리카 오지에서 굶주리고 병들고 그래서 죽어가는 어린이를 위해 헌신한 고 이태석 신부의 아름다운 이야기도 오래전에 다큐멘터리로 본 기억이다. '울지마 톤즈' 신부이자 의사였던 그는 병든 사람을 찾아 병을 치료하고 병원을 건설했다. '배고픔을 달래기보다 자립할 용기'를 주기위해 학교를 세우고 내란으로 소년병으로 끌려가 총칼을 잡았던 아이들에게 음악을 가르쳤다. 본인은 그 고생으로 48세에 말기암으로 죽을 목숨이 되는 줄 모르고 봉사한 거룩한 정신에 감동되며 인간의 희생이 세상을 크게 변화시키는 실감나는 내용이었다. 수단의 슈바이처 고 이태석 신부. 인간이 동물(짐승)을 도와주고, 어려운 사람을 돕는 모습. 출세한 사람보다 존경 받는 사람이 위대함을 보여준 모범이었다.

유명 배우, 탤런트들의 아프리카 어린이 돕기 위해 봉사하고 희생하는 모습, 우리 고장에 어려운 이웃을 도우라고 남 몰래 보내주는 연말이면 베푸는 아름다운 모습, 꽃이 아름답고 아름다운 것이 아름다운 것만이 아니라 진정한 마음속의 아름다움이 세상을 아름답게 하는 것이 다라고 생각된다.

세상은 복잡하고 어렵고 힘들어도 남모르게 돕고 봉사하고 희생하는 모습들이 있기에 살만하고, 그래도 세상은 아름다운 것이 있는 게 아닌가 싶다.

생의 참회

오사마 빈 라덴이 살해되었다는 보도에 미국 시민들이 거리에 나와 환호하며 기뻐하는 모습을 보고 전에 어디에서 읽은 '인생을 어떻게 살아야 하나' 라는 테마를 생각하게 하고 술좌석에서 '그 놈 잘 죽었다, 라고 내 뱉는 화풀이가 들린다. 빈 라덴은 10년 전에 알 카에다 조직을 이끌며 9.11테러로 3000여 명 이르는 뉴욕시민을 죽음에 이르게 했다. 그러면서도 후회는커녕 세계의 눈을 피해 숨어서 더욱 더 가혹한 테러를 준비하다가 죽음을 당해서, 사살을 계획한 미국 오바마 대통령의 인기를 상승하게 하였다. 9.11테러로 인해 죽은 가족, 친지, 친구 미국 국민 아니 전 세계인들 중에 '그 놈 잘 죽었다'라고 동조하는 사람이 많은 반면, 한편 알 카에다 일당들은 보복 준비도 하려고 할 것이고 이에 대비해 미국은 전 세계에 흩어져 있는 자국민을 보호하기 위해 경계를 철저히 하고 있다.

거창한 뉴스 속에 살고 죽고가 아니더라도, 알려지지 않은 보통인들의 삶속에서도 생사를 생각하게 한다. 한 친구는 신문을 읽으며 부음란을 유심히 읽는다고 했다. 나와 별 관계 없는 알지 못하는 사람들이 매일 죽어가고 있는데 내가 잘 아는 친지, 친구, 친척이 사망 했을 때는 새삼 죽음을 실감하고 안타까워한다. 보잘 것 없는 자신이 죽었다 했을 때 잘 죽었다고 하는 소리를 들을까 염려도 해본다.

'아까운 사람 죽었다'라고 생각하게 살아야지 '그 놈 잘 죽었다'라는 인생 살아서 되겠나 싶다.

아파트 정원에 분홍, 새하얀 철쭉이 흐드러지게 피어 그렇게 아름다울 수가 없고 멋진 모습을 뽐내며 지나가는 사람들을 즐겁게 해준다. 금산사 가는 길 양편에 신록이 우거져 아름다운 천지를 이루고 있다. 작년에도 그랬고 재작년에도 그랬고 내년, 내후년에도 그럴 것이다.

'울지마 톤즈'라는 영화는. 아프리카 남수단의 톤즈에서 고생하는 주민을 위해 헌신하다가 48세로 몸을 바친 고 이태석 신부의 성스러운 일대기였다.

자연과 인간이 우리 모두에게 베푸는 아름다고 갸륵한 모습은 도처에 많다.

한때는 부러울 것이 없고, 거들먹거리고 살았지만 죽고 나니 아까워하기는 고사하고 '그 놈 잘 죽었다'라는 소리를 듣는 사람이 있다.

그냥 생각 없이 한마디한 말이 상대의 가슴에 못을 박아, 두고 두고 섭섭하게 하여 평생 원수가 되는 경우도 있다.

죽어서 친구들로부터 아까운 사람 갔다는 말을 들을 수 있다는 것은 인생을 옳고 바르게 살았다고 할 수 있겠다.

오사마 빈 라덴은 대부호의 아들로 태어나 이슬람 종교운동인 와하비즘에 심취하여 처음에는 소련에, 나중에는 미국을 상대로 테러에 가담하고 인류를 공포의 도가니로 몰아넣는 장본인이 되었다. 이유가 있겠지만 그렇게 살다가 처참하게 죽어가야 했을까 하며 우리 모두에게 삶을 어떻게 살아야 할까를 생각하게 하는 기회를 준 것 같다.

내가 다시 태어난다면

우리는 태어났기 때문에 죽은 것이고, 죽기 때문에 새로 태어나는 것이다.

DNA라는 물질 덩어리(색)였던, 수정란에 식(명)이 합쳐져서 생명이 탄생하는 것이다.

색은 육체를 의미하고 명은 정신을 의미한다. 인생은 전생에서 현생으로 그리고 내생으로 이어진다. 그럼 현생에서 물러나 내생을 거쳐 다시 전생에서 현생으로 옮겨지면 어떻게 살겠느냐 하는 의미 같다. 윤리적인 면으로 보면 욕 안 먹고 후회 없이 살며 그러다 후회 없이 죽는 것이 최고인 것 같다.

지금의 평균 수명은 건강 수명 아니고 남자 78세, 여자 83세라고 대강 말한다. 다시 현생으로 태어난다면 평균 수명이 얼마 될까? 저승에 갔다가 다시 이승으로 온다면 나는 몇 살까지 살 수 있을까부터 생각된다. 그리고 지금의 현생을 잘못 살았다고 반성하는 사람이 대부분이고 그렇지 못하다고 말하는 사람 숫자가 적을 것이다. 모든 종교에서는 이승에서 나쁜 일 하지 말고 좋은 일 많이 하면 저승에서 복 받는다 한다.

주제 수필에서 요구하는 것에 대한 대답은 여기에 부합한 삶을 살겠다고 하지 않을 사람 없겠다. 그것은 곧 현생에서의 반성문이 될 것이다. '내가 다시 태어난다면…'이라는 말 다음에 이어지는 조건이 많이 생각된다. 어떤 여자와 결혼 하겠느냐, 어떤 직업을, 어떤 나라에, 어떻게 살겠느냐, 종교는?

불가능한 주제이니 불가능한 이야기가 전개되는 상황이다. 오히려 가능한, 남은 인생 사는데 무얼 하며 살다가 죽을 것인가를 묻는 주제가 오히려 좋을 것 같기도 하다. 학창 시절에 나는 지금 생각하면 엉뚱한 꿈을 꾸었지만 경제, 건강의 환경이 뒷받침이 안되어 실천도 못하고 못 이루었고 후세에 이루기를 희망했으나 또 못 이루었다.

소질이 있고 잘 할 수 있는 걸 속히 찾아야 할 것이다. 그게 쉽지는 않다. 훌륭한 멘토가 있으면 더욱 좋겠다. 이렇게 자라 이런 학교 다녀 이런 학문 전공하면 잘 되리라는 확실한 보장이 있을까. 복 받을 일이라면 앞장서서 해야 하겠다고 말은 하지만 그게 쉬운 일인가? 팔방미인보다 한 우물 파기가 필요 하겠다. 끈기가 있어야 하겠다. 꿈이 커야 하고 큰물에서 살아야 하겠다. 이건 너무 출세(명예) 지향 이승행 이야기 아닌가?

인생을 사람들은 1모작 2모작 3모작 혹은 전반전, 후반전으로 나누며 구분해서 성공, 실패로 말하기도 한다. 성공 실패에서 꼭 반성문이든 다시 시작하는 결심 내지 다짐문이든 다시 태어날 수 없고 올 새 봄이 아니다.

성공과 실패에 맞춰 반성문을 쓴다면 전번전은 잘 싸웠고 그냥 열심히 코치나 감독의 명대로 해 보았다. 시련도 별로 없이 잘 진행되었다. 아니 시련과 고민이 없기에 오히려 탈이었다고 할 수 있겠다. 40대 초반에 종목을 바꿔 보라는 권유도 있었으나 내 성격에 그냥 주저앉아 그 종목이 좋은 양 조금은 안일하게 편하게 큰 노력 없이 뛰었다. 그게 탈이고 성격 탓이었다. 같은 직장에서 뛰는 고교 동창 중 안일을 버리고 같이 하는 종목이 인기 없다고 새 종목을 찾아 부지런히 탐색하고 눈치 안 보며 새 길을 가서 성공했다. 나만 처졌다. 그래도 나는 한길을 갔다. 그런데 그 종목이 인기가 떨어지고 헤쳐 나갈 여지가 없었음을 알았을 때는 이미 상황이 바뀌고 그리고 정년이 가까웠다. 나는 바보였다. 더 큰 희망을 갖고 뛰쳐나가 새 종목을 위해 불철주야 노력했다면 '내가 다시 태어난다면…'이라는 반성문이 아니라 자신만만한 성공담을 썼을텐데 말이다. 지금 30대 후반인 두 아들도 나를 닮고 디엔에이가 비슷한 하나는 성공담을 쓰겠는데 하나는 반성문을 쓸 상황이다. 말을 낳으면 제주도로 사람은 서울로 보내라는 속담같이 명예에 초점을 맞춘 이런 반성문이 안 되려면 일단은 큰 방죽에서 노는 고기가 되어야겠다. '내가 다시 태어난다면' 이라는 주제 수필은 나를 슬프게 하는 것이었다. 인생 노력도 부족하고 운이 없는 인생이었나 싶다.

이런 반성문은 나같이 실패자나 쓰지 성공한 자는 썼다가는 자기 자랑이라고 만자 중에 웃음거리가 될 것 아닌가? 도전도 별로 못해보고 도전이 없으니 실패도 없는 재미없는 드라마였다.

지키지 못하는 나의 결심

오늘은 친구 만나면 그것도 술 좋아하는 친구를 만났어도 일차에 서너 잔만 마시자. 오늘은 계획했던 책을 꼭 읽자. 좋은 글을 일주에 한편씩 꼭 쓰자. 도서관에 가서 안 보는 신문을 읽자. 이메일을 확인하자. 하루 두 시간 독서를 하자. 건강을 위해 운동을 2시간 이상 하자.

이런 것들이 내가 결심하는 일상의 결심들이다. 그러나 이런 것들을 제대로 실천하지 못하고 있으니 후회하고 다시 또 결심을 반복하며 세상을 살아가고 있다,

행동에 옮기지도 못할 걸 자꾸 결심만 하나? 마음속으로 아내에게 잘 해주자. 자식들에게 잔소리 말자. 나 자신과의 약속이다. 그냥 어겨도 될 것인가? 양심이 있지!

남과도 약속을 한다. 말로 결심을 말한다. 언젠가는 집안의 조카한테, 친구들한테 왜 만나 준다며 안 만나 주냐고 책망을 들었다. 나와의 약속이나 결심이야 괜찮지만 남과의 약속은 신용이 관계되고 체면이 문제다. 그래서 이제는 신중을 기해야겠다고 또 자신에게 결심을 한다. 주로 만나자고 해놓고 못 지키는 결심이나 약속이 대부분이다. 남과의 약속은?

그러나 자신과의 결심이나 약속은 생활 습관, 노력, 태도 등이 대부분이다.

심리학자는 말한다.

결심만하고 실천을 못하는 것은 세 가지 힘 때문이란다.

'나는 의지력이 없어'라든가 '나의 입, 위, 배 심장 다른 신체 기관이 무언가를 간절히 원한다면 거부하기가 너무 어려워' 라고 하는 '부정 의지력'.

어떤 어려움이 있어도 쉴 새 없이 유혹하더라도 의지력만 굳건하다면 어떤 일이든 오늘 해치울 수 있다는 '긍적 의지력'

그리고 아니라고 말해야 할 때 아니라고 말하고 그렇다고 말해야 할 때 그렇다고 말하려면 자제력을 발휘하려면, 중요한 순간에 동기 부여를 할 줄 아는 장기적인 욕망인 '열정력'의 세 가지가 잘 갖추어야 한단다.

또 말한다. '자기 절제에 성공하고 싶다면 실패하는 방법부터 배워라.' '삶의 질을 개선하는데 필요하기 때문에 무엇보다 해보고 싶거나 미루고 싶지 않은 일은 무엇인가 하는 긍적 의지력의 문제 선택과 살아가면서 가장 떨쳐 버리기 어려운 불쾌한 습관은 무엇인가 건강이나 행복 성공에 악영향을 미치기 때문에 포기하고 싶거나 줄이고 싶은 일은 무엇인가 하는 부정 의지력의 선택과 세 번째 오랫동안 목표를 이루지 못 하도록 정신을 산만하게 하거나 마음을 흔들어 놓을 가능성이 가장 높은 충동에 해당하는 욕망의 열정적 문제의 선택이라고 한다.

이론은 그럴듯하다.

문제선택을 잘해서 결심만 하지 말고 실천에 옮겨 지금의 평균 수명 내지 앞으로의 평균 수명인 남은 ⅕ 인생을 보람되게 살다가 죽고 싶다. 살 만치 산 인생 나이이니 이제 실천하지 못할 결심일랑 하지 말아야 할 텐데 하고 반성도 한다.

오늘도 나는 결심은 하고 실천을 못하는 자신이 미운 하루를 보내고 있는 듯싶다.

세상살이 뭐 다 그런 거지 뭐

세상이 편안하지 못하고 여러 가지 문제들이 얽히고설켜 복잡한 것 같다. 세월호 사고로 오랫동안 온 나라가 시끄럽고 슬픔에 빠졌었고 지금까지 문제가 다 해결이 안 되고 북한의 미사일 발사 반복, 여야권의 타협 없는 논쟁, 밖으로는 조용해야 할 종교의 성지 이스라엘과 팔레스타인의 전쟁, 휴전 또 미국의 이라크 침공개시, 싱크홀 발생 사고 세상에 행복한 일은 없고 불행하고 복잡한 일만 계속되는 나날인 것 같아 신문, TV 보기가 안타깝다.

TV에서 흘러나오는 유행가의 가사를 음미해본다.

지금이 더 유난히 매스컴에 나오듯이 어렵고 복잡한 세상이었는지 생각해 본다. 옛날에도 그랬는데 지금이 방송 신문 등 언론매체가 발달해서 그럴 수 있지 않나 모르겠다. 물론 우리 사회가 성장이 빨라 세상이 좋아지긴 했지만 한편 살기에 각박해진 것은 사실이다. 이보다 어렵게 힘들게 살았던 과거를 잠깐 돌이켜 보면 그게 아닌데 조급한 마음 때문일 것이다.

'욕 안 먹고 살면 되는 거지'한다. 욕 안 먹고 살기가 어디 쉬운 일인가? 욕을 안 먹기 위해 생각하고 살다보면 나중에는 바보가 되어야 할 거라고 말하기도 한다. 적당히 얻어먹으며 될 수 있으면 적게 얻어먹으며 살려는 태도가 필요하겠다.욕 안 얻어먹으며 살려는 사람이 이 세상 사람의 거의 전부일 것이기에 그렇다. 욕을 얻어먹겠기에 고민하고 참기 어려우니 '술 한 잔에 시름을 털고 너털웃음 한번 웃어보자'했다. 이런 생각으로 세상을 산다면 양보하고 봉사하고 때로는 서로 포기하며, 다투고 싸우고 나중에는 법정에 까지 갈 필요는 없을 것이다.

교황 프란치스코님이 한국에 오셔서 복음을 전하며 온 나라에 화합과 봉사를 부르짖으며 행복한 나날을 만들고 있다. 누구는 무슨 철학자처럼, 세상을 많이 산 것처럼 말하고 있지만 세상은 사실 별 것 아니다 할 수 있지 않은가?

'시계 바늘처럼 돌고 돌다가, 가는 길을 잃을 사람아' 백년도 못 되는 세상 하직하고 가는데 사실인 것 같다. '돈이 좋아. 여자가 좋아. 술이 좋아. 친구가 좋아'라고 묻는 듯이 말한다. 이 세상에 돈이 없으면 어찌 살겠는가? 그러니 돈이 첫째이고 그리고 건강, 다음에 이성(친구)이다. 다음에 글을 쓰는 문인들이야 좋은 책이고 글일 것이다. 젊을 때야 술이 좋아 많이 마셨지만 나이가 좀 드니 건강을 위해 어쩔 수 없이 절주해야 함을 느낀다.

나이가 드니 친구가 좋다는 걸 느끼는 것 같다. 젊을 때야 부지런히 직장 근무하고 이리저리 나이 상관없이 어울렸지만 지금은 비슷한 나이에 옛 친구가 좋은 걸 느낀다. 건강도 묻고 먹는 음식, 먹는 약도 물을 수 있는 친구가 좋다. 자식, 아내, 식구 등과의 살아가는 상황을 허물

없이 묻고 대답할 수 있는 친구가 누구보다 필요하고 소중함을 새삼 느꼈다.

세상은 그래도 살만한 곳인데 말이다. 나이가 아직 젊고 세상을 논하고 단정하긴 이른 가수가 이런 가사의 노래를 하니 아이러니하기도 했다. 시계바늘처럼 피동적으로 살게 아니라 능동적으로 살아가야 하겠다. 좌절하고 포기하는 젊은 세대가 많은 것은 안타가운 일이다.

미래에 대한 낙관적인 성향조사 통계에 따르면 성인의 미래의 삶이 나빠질 것이라고 대답한 순위에 프랑스 69%, 스페인 62%, 벨기에 60%이고, 좋아질 것이라는 것에는 중국 81%, 인도49%, 브라질45%, 한국 34%, 일본34%였다고 한다. 30대 이하에서는 낙관론이 벨기에 12%, 프랑스16%, 영국22%, 미국26%, 한국27%, 중국78%, 브라질48%, 인도46%였다고 한다.

미래가 밝고 아름다운 세상이 이루어 질 것이라 생각하는 사람이 많으면 얼마나 좋을까? 인생은 미련 따윈 없이 후회도 없는 삶을 살아야 하고 너털웃음 한 번 웃으며 살아야 하는 '세상살이 뭐 다 그런 거지 뭐' 하며 마쳐야 한다고 하는 너그러운 마음으로 건강하게 살다가 마쳤으면 한다.

세상 요리(아쉬운 소리)

얼굴에 눈썹, 눈이 있고 코, 입 등이 있지만 조화를 이루어 생긴 형태가 모두가 다 다르다. 성격, 취미도 그렇고 사고도 다르다. 내 자신을 뒤돌아 본다. 특히 요사이 내 성격 중에 대인 관계에서 더 큰 일을 했다면 진전을 못하고 낭패를 본 것이 있었겠다 생각된다. 남에게 아쉬운 소리이다. 물론 이것은 내가 생각하는 경우이기에 남들은 천만에 말씀이라 할 줄 모른다.

일을 맡아 처리하려면 내가 손수 해야 할 일도 있지만 시키거나 상대의 생각을 바꿔, 동조해서 해주도록 설득 내지 심리 변화를 할 수 있는 능력이 있어야 할 것이다. 그런 것이 부족한 것 같다. 가정에서도 아내를 설득하고 타일러서 해주도록 못하고 사회생활에서도 그러지 못하는 것이다. 어찌 보면 가정 일이야 큰 일이 아니니 조금만 움직이면 할 수 있기에 별것 아니다 할 수 있다. 그냥 설득이나 타협이 없이, 하도록 아쉬운 소리가 아니라 명령 지시였지 않나 생각 된다.

그러나 사회는 그렇지 않다. 나의 의도 생각대로 하도록 해야 하고, 못할 것을 해내야 하는 것이 많다. 이 걸 해내지 못하면 나아가 무능자이다. 정치판에서 더 그런 경우가 많을 수밖에 없다. 선거 유세에서 이

걸 해낼 테니 나를 당선 시켜주라고 호소하고 부탁하지 않는가? 그런 현장에 나가지 못한 사람이기에 더욱 그런가 모르겠다. 40대에 그런 요청 비슷한 걸 받아 보기도 했지만 감히 단행하기에 너무 용기도 없고 집안 환경이 용납할 상황도 아니었다. 교사, 공무원 출신들이 무사안일하고 용기가 부족해서 그런 경우가 많다. 그리고 또 뛰쳐나가서 실패하는 경우도 많이 보았다.

공무원 중에도 이런 업무와 관련된 업종은 그걸 나중에 활용하는 경우도 있을 것이다. 같은 업무인데도 그걸 즉 아쉬운 소리를 용기 있게 잘 하는 사람을 보았다. 그래 나는 이게 능력이라 생각되었다. 옛날에는 잘 안 하는 사람을 예의 있는 사람, 덕인 어쩌고 그랬는데 지금 시대는 그랬다가는 아무 일도 성공할 수 없지 않나 생각된다. 뻔뻔스러워야 된다는 세상이다. 예전에는 공부만 대충하면 먹고 사는데 지장은 없었는데 지금은 세상이 너무 변하고 있다. 지금 7살 먹은 초등학생 입학 아이가 20년이 지나면 지금의 직업이 70%가 변하고 없어진다고 하지 않던가? 그런데 우리세대가 변하기 싫어하고 구태의연한 사람이 많지 않은가?

달라져야 한다. 사회는 너무 빨리 변하는데 나이 좀 들었다고 너무 쳐져가는 것은 볼품없는 인간 되기 십상이다. 살아 있는 동안이라도 그런 생각을 하며 살아야 할 것 같다. 문학 단체 회장을 할 때이다. 한쪽은 해보고 싶어서 했고 한쪽은 억지 춘향이 노릇이었다. 행사를 할 때도 문인협회 회장쯤은 불러 축사를 부탁하고 전화 연락하고 했다. 우리 분야이고 식구이니 한국 문협 회장은 서울에 사니 어렵고 우리문학 단체 도 수장을 불렀다. 대구에서 문학행사를 할 때, 전에 군수를 하고 지금 문학 단체장을 하는 분이 문학행사 할 때 절대 정치적인 단체장을 부르지 말자고 강조했는데 나는 공감이 갔다. 그런데 다 내려놓고 지금 문학행사장에 가보면 문학단체장 아닌 지사, 시장, 교육감, 국회의원 등을 불러 축사를 요청했다. 나도 할 수는 있다. 그러나 마음이 내키지 않았다. 자존심인가. 그렇다고 해야겠다. 불러 잔치하니 화려했다. 나중에 무엇 하러 불렀느냐 물으니 다음에 행사할 때 더 많은 지원금을 받기 위해서란다. 어쩌면 맞기도 하는 말일 성싶다. 가능한 이야기이다. 그러나 얼마 전까지 수긍이 안 되었다. 나도 그들보다 한때는 그들보다 나아 보이는 때도 있었던 것 아닌가? 그것 때문인가? 그 후에는 그런 단체장을 안 해야겠다고 생각했다. 무엇이 아쉬워 아쉬운 소리를 해야 하나? 이것이 이 시대에 맞는 사고방식은 아니고 구태의연하다는 걸 느끼고 아는데 실천에 옮기지는 못 하겠다. 세상을 요리하는 요령이 부족한 것이다 시대에 뒤진 생각이라 느꼈다. 이런 사고라면 뒷전에 조용히 앉아 구경이나 하고 있어야 한다.

내가 이런 생각을 하고 말하는데 같이 사는 식구는 한술 더 뜨니 더 무어라 말하리오. 별것 아닌 인생사에 별 도전도 없이, 고생도 없이 그냥 그렇게 사는 인생이었으니 무얼 알겠는가? 세상에 진수를 맛보지 못해서 요리를 못 한다. 밥도 태워보고 국도 잘못 끓여 버려도 보며 눈물을 흘렸어야 맛있는 밥도 지어내고 맛 좋은 국도 끓여 진수를 맛볼 텐데 뭘 모르며 그냥 그렇게 살았으니 제대로 요리도 못해 봤으니 맛을 내겠는가? 이제 그렇게 해보기도 늦었는 게 아닌가? 왜 그랬을까? 내 기억을 전수하려고 후세에게 말해 보나 듣지 않고 그냥 시내에 가면 맛있는 반찬 진수성찬이 있다는데 무얼 고생하며 눈물 흘리며 연기 씌우며 하냐 한다. 그래도 해보라고 하니, 듣지 않으니, 내 맘대로 안 되는 세상이다 싶었다.

오늘은 왜 이러지?

추석이 가까워지니 새로운 문제가 생겼다. 여태까지 시골 고향에서 태어나 초등학교 마치고 그 후 시내 이사 와서 부모님과 같이 살면서도 명절 때는 꼭 시골 고향에 갔었다. 장남 형님이 농사짓고 사는 고향이고 조상의 묘지가 고향에 있으니 그런 건 당연했다. 부모님은 시골에 사시다가 직업상 시내에 같이 사시다가 연세가 드셔서는 장남인 형님 집에 사시다가 돌아 가셨다. 이런 살림 형태이니 명절은 시골 고향에서 항상 지냈다.

그런데 이제 나의 두 아들이 서울에 사니 요사이 유행하는 역귀성의 문제가 생겼다. 그래서 이제 두 아들이 내려오느냐 우리 부부 내외가 고향이 아닌 서울로 가야한다는 문제로, 나는 고향으로 가자 하고 아내는 서울로 가자 하며 거기에 관련된 일들로 아내와 의견이 달랐다. 고향으로 가자는 나도 아들 직장 문제 교통 혼잡 문제로 서울로 우리가 가는 게 현실 문제 해결에 도움이 된다는 것, 생각을 전연 안 한 것은 아니다. 시골 고향에는 형님이 돌아가시었지만, 형수가 살아 계시는 동안까지는 서울에 사실 가기 싫은 것은 내 마음이다. 아내는 그게 아닌 모양이었다. 조카 며느리들의 어려움도 생각해야 한다고 했다. 그래서 기분이 언짢은 하루로 시작이었다.

식사 마치고 9시경에 은행에 가서 돈을 찾는데 지금까지는 ATM(현금 자동 입출금 기)으로 그냥 카드나 통장으로 쉽게 찾는데 종중에서 쓴 돈의 액수를 통장과 일치하고 확실히 하기 위해 몇 천원을 찾아야 하니 ATM이 아니고 창구를 이용해야 했다.(ATM은 만 원 이하는 출금불가) 그런데 창구에서 주민등록증을 가져 왔느냐며 요구한다.(통장에 도장이 아니고 사인signature을 이용하고 있음) 창구 아가씨가 도장을 찍거나 증명할 수 있는 주민 등록증을 제시하라니 또 화가 나고 언쟁을 했다. 새삼스럽게 통장과 사인이면 되지, 무슨 도장이며 주민 등록증이냐며 따졌다. 도장을 안 가지고 다닌 지 오래되고 주민등록증은 항상 휴대한다. 돈을 찾고 나가니 창구 아가씨가 불편한 것 없냐며 안녕히 가시라고 하나 나는 대답 없이 은행 문을 닫고 속히 나와 버렸다.

집에 돌아오며 생각했다. 오늘은 왜 이러지? 기분 나쁘고 불쾌한 일이 계속 생기는지. 두 가지 일 모두가 그냥 웃으며 넘기고 아내에게나 은행 창구 아가씨에게 화낼 일이 아니다. 아내에게 그냥 생각해 보자고 하고 아니 갈 수도 있고 서울로 갈 수도 있으니 참으며 나중에 설득하여 조금 후에 서울로 가자고 하면 되었을 것이고 은행 창구 아가씨에게도 "그래요" 하며 주머니에 가지고 다니는 주민등록증을 그냥 보여 주었으면 될 걸 왜 보자고 하며 따질 일이 아닌데 말이다. 나이 들면(?) 사람이 단순해지고 어린아이 같이 된다고 말한다. 늙은이 기억력이 어린아이 5,6세 기억력과 같아진다고 말하기도 한다. 나도 그래서 그렇게 단순해지나 모르겠다.

그런데 오늘은 아침부터 기분이 왠지 좋다. 아침 식사를 하며 아내가 말하는 것에 무조건 동의하며 들었다. 아내보고 당신 덕분에 우리가 이렇게 별 걱정 없이 살며 또 내가 그런 보통사람으로 살게 되어 감사하다는 말을 해주었다. 어제는 가깝게 지내는 사람과 기분 좋게 적당히 술 한 잔 마시고 귀가해서 편히 자고 났기 때문이기도 할 것이다. 아침 산책을 하는데도 발걸음이 가볍고 기분이 좋다. 앞으로 해야 할 일이 순조롭게 계획되고 좋은 생각이 떠올랐다. 기분 나쁜 며칠 전과는 아주 다르게 기분 좋은 일들이 전개해질 것 같다.

왜 이렇게 마음이 간사하고 이랬다저랬다 하나 모르겠다. 나에게 맨날 이렇게 기분 좋은 날만 계속되고 나쁜 일이랑 일어나도 그냥 잊거나 좋게 해결되어 가는 앞으로의 나의 생활이 되었으면 좋겠다.

이런 질문을 해보란다.

아내가 생각하는 나는? 자식이 생각하는 나는? 친구가 생각하는 나는? 옆 짝꿍이 생각하는 나는? '인생 별것 아니다. 사는 게 뭐 별것 있더냐? 욕 안 먹고 살면 되는 거지'하는 노랫말이 맞는 말이다.

사는데 특히 나이 먹고 사는데 중요한 대책 아니 관리해야 할 3가지가 있다고 서울에 가니 복지회관에서 들었다. 가끔 들어 보았지만 인상 깊게 다시 들었다.

첫째 이미지 관리. 동양인(한, 중, 일)을 구별해 보란다. 온화하고 바삐 걷는다. 무표정하게 느긋하게 걷는다. 화난 표정으로 급하게 걷는다. 마지막이 한국 사람이란다. 표정은 마음을 담아내는 그릇이란다. 억지로라도 웃으라고 하지 않던가. 단정하게 차리고 사랑할 때 다이돌핀이 생긴다고. 둘째 말 관리.세 번째 생각관리. 뇌의 98%는 말의 지배를 받는다고 한다. 나이 먹었으니 지난 일 어기지 말고 생각을 바꿔야 한다고 했다. 알기만하면 의미가 없다. 알았으면 실천에 옮겨야 할 텐데 말이다. 64세인 화산이 고향인 차사순 할머니는 운전면허증을 따기 위해 필기시험 950번, 실기 도로 기능 시험 10번, 돈이 천만 원 가까이 들었다는 기사가 미국 신문에 났다고 예를 들었다. 이미지 관리, 말 관리, 생각 관리, 생각하고 되새겨볼 만한 내용들이었다.

상처 낸 우정

그 친구와는 어떻게 만나 가까워졌나? 상당히 오래 되었다.

우연히 같은 아파트에 살다가 지나다 만난 학교 동창이었고 만나다 보니 가까워졌다. 밖에서 몇 번 만나고 등산도 같이하며 지냈다. 그러다보니 요사이는 집으로 초대하여 가는 경우가 적은데 집까지 가게 되었다. 같은 아파트이고 동만 다른 가까운 곳이다. 친구는 노래도, 등산, 요리도 술도 잘 한다. 취미가 같다보니 더욱 가까워졌는데 어느 땐가 친구 아내가 교회에서 며칠 어디를 갔다고 자기 집으로 오라해서 친구 아파트로 갔다. 친구는 자랑을 했다. 자기는 요리를 좋아해서 따로 사는 아들이 집에 어쩌다 오면 아내가 하기도 하지만, 친구가 하면 아들이 아빠가 엄마보다 맛있게 한다고 했단다.

친구가 한 요리를 맛있게 먹으며 환담도 했다. 이야기를 아주 잘 했다. 나는 듣는 편이고 친구는 술을 한잔 걸치면 계속 이야기가 반복된다. 처음에는 재미있다고 느끼고 흥미가 있었으나 너무 제 말만 하니 차츰 싫증이 나기 시작했다. 거기다가 내가 좋아해서 대접을 하면 저도 좀 해야 하는데 그냥 없다. 친구는 승용차가 없어 내 차로 두 달 정도를 같이 강의하러 다녔는데 기름 한번 넣어 달라는 농담 소리에 취하긴 했지만 화 내는게 미웠고, 친구에게 말을 좀 적게 하는 게 미덕이라니 듣지 않고, 버릇처럼 되어 싫어지고, 처음에는 좋은 친구로 대접 했는데 몇 년을 그렇게 좋은 쪽으로 변하지 않으니 너그럽지 못한 내 마음이 갈등을 일으키고 미워지기 시작한 것이다.

다른 한 친구는 앞에 말한 친구같이 동창이고 한 아파트는 아니어도 가까운 아파트에 사는 친구였다. 앞에 말한 친구와는 다르게 술도 그저 한두 잔이고 문학 활동을 같이 하며 등산은 좋아하는데 앞에 말한 친구의 단점이 없는 친구였다. 말도 적고 내게 항상 미안할 정도로 나에게 너무 잘하기에 얄팍한 내가 계속 좋아하는지 모르겠다. 또 만나도 만나도 싫지 않고 적당히 만나고 헤어지고 친구라도 예의를 지키고 해서 계속 좋았다.

또 어느 단체에 처음 갔을 때다. 오래는 안 되었는데 한 분이 여러분 중에 처음 건네는 말부터 어쩐지 좋은 인연이 아니고 어느 분은 얼마 안 되었는데도 내 이름을 기억해 주고 어떻게 알았는지 아닌지는 몰라도, 내 마음에 썩 드는 이야기만 해주어 고맙고 좋았다.

한 단체는 나갔는데 2년 정도 나가다가 잘 안 되어 이제는 나도 그만 두었다. 거기에서 처음에는 마음이 통하고 괜찮다고 생각되어 친절하고 인사는 물론 모든 면에서 좋은 친구로 생각하며 잘 지냈는데 차차 세월이 지나 취미가 다르고 성격 차이가 드러나서 점점 멀어진 친구도 있었다.

서로 마음이 맞는 사람을 상대하며 살면 행복하겠지만 마음이 맞지 않는 사람을 보지 않고 살 수만 있다면 더 행복할 것이다라고 말한다. 그러나 세상에 그렇게 살 수만 없는 것이 아닌가 ? 부부나 식구 형제 친척 아니 남이라도 싫다 하며 멀리만 하고 살 수는 없다.

인간관계에서 이런 일들을 확대해서 알레르기와 궁합의 입장까지 생각해보는 것이 재미있기도 했다. 쌀장수에게 쌀겨 알레르기가 있다면 생업을 바꾸어야 하고, 강아지를 무척 좋아하는 사람이 강아지 털에 대한 알레르기가 심하면 강아지와 이별해야 한다는 내용을 읽었다.

오이와 당근, 초코릿과 우유, 빵과 주스, 삼겹살과 냉면 등은 내가 아는 상식으로 궁합이 안 맞는 음식이라고 알고 있다. 우리 인간의 만남도 비슷할까?

두 달에 한 번씩 만나는 친구가 있다. 그 친구는 나와 자주 다툰다. 그 친구는 본인이 성격이 안 좋은 사람이라 말하기도 한다. 식당에서 식사하면서도 서빙 하는 아가씨가 잘못하면 성질을 버럭 내기도 한다. 더구나 술이 취하면 자주 다툰다. 어떤 때는 나도 슬슬 피해 좌석을 고려해 앉았다.

또한 친구는 그는 자기 집에서 음식점을 하는데 자기 집에서 모임을 자주 않는다고 불평하며 싸우기도 했다. 너무 돈 자랑만 하며 한턱 내지도 않는 친구, 이런 친구들이 요사이 나이 좀 들어 말다툼하고 심하게는 싸우고 몇 십 년 만나던 모임에서 빠지는 경우를 본다.

이런 경우에 내가 알레르기 현상이고 궁합이 안 맞으니 어찌하면 좋을까? 방법은 회피요법이라는데 그게 어디 쉬운가 하고 생각한다.

나이 들어가니 오히려 이해하고 너그럽게 생각해야 할 텐데 말이다.

전에는 그런 일이 없었는데 왜 그럴까? 나이 들면 그런가? 살날이 많이 안 남았는데 아쉽고 서운했다. 서로 작은 결점을 용서할 마음이 없고서는 우애를 온전히 할 수가 없을 것 같다.

친구에 대한 좋은 말들을 생각해본다.

'재물은 많은 친구를 친하게 하나 가난하면 친구가 끊어지느니라. 생활이 순조로울 때는 많은 벗이 모여 들지만, 천기에 혜택을 받지 못하고 생활이 마음대로 되지 않으면 모두가 떠나버린다.'

'옛 벗을 버리지 말라. 새로운 벗은 옛 벗을 당할 수 없느니라. 새로운 벗은 새 술과 같은 것, 오래 되면 기쁨으로 마실 수 있겠기 때문이다'.

'친구로서 아무 역할을 못하는 자는 언제 적이 되어 그대에게 해를 끼칠는지 모른다'를 새겨볼 일이다.

자신을 사랑할 줄 모르는 바보

친구와 등산을 하며 이런 저런 이야기를 하던 중 자신을 너무 사랑하지 않는다는 생각이 퍼뜩 들었다. 친구는 자기 자신을 위하여 주기적으로 보약을 먹고, 수시로 몸에 좋다는 음식, 비타민, 새로 개발되는 약을 먹는다는데 나는 너무 소홀히 했다 싶었다. 맞는 말인지는 몰라도 건강하게 태어났으니, 크게 개의치 않는다. 지금까지 사는 동안 크게 아파서 크게 고생한 일이 적다. 40세 전후에 축구하다가 아킬레스건이 망가져 수술한 경우와 등산을 하는데 처음 시작할 때 오르는 코스일 때 힘이 들어 헐떡이기에 (데드 타임) 심장이 안 좋은가 해서 시술하기 위해 2,3일 입원한 것뿐인 기억이다. 젊을 때 술을 좋아해서 과음을 해서 몸에 고통을 준 잘못이 있다. 낳아 준 부모님께 감사를 드리며 이제는 자신을 사랑해야겠다고 다짐해본다. 그리고 나이도 들어가니 더욱 그렇다. 백세 시대라니 크게 이룬 것 없으니 사는 날까지 건강하게 살아야 하겠다 싶다.

옛날 직장 선배 동료가 하는 말과 생애를 뒤돌아본다. 선배 동료는 나에게 건강을 위해서 운동을 하고 과음 말고 식사 잘 하라고 하며 건강을 자랑했는데 너무 일찍 저 세상에 가셨다. 오히려 건강이 안 좋았던 분이 병원을 열심히 다니고 몸 건강 체크를 자주 하신 분이 지금까지 오히려 오래 사시는 걸 보았다.

내 몸을 사랑하기 위해서 무얼 해야 할까?

우선 적당한 양의 음주만 해야 하겠다. 결심해도 그게 잘 안 된다. 술 권하는 사회라서 그런지 모르겠다. 친구들 만나면 대개 술 좋아하는 친구가 어울리는 경우가 많아 실패한다. 실수 내지 실패를 안 하려면 참석 안 해야 하거나 중간에 슬쩍 빠져 나와야 하는데 그냥 어울리다 보면 잊고 젖어버린다.

난 끈기가 부족하다. 끈기 있게 매사를 하면 자신을 사랑하는 일일까 고통을 주는 것일까 모르겠지만 결국은 끈기 있게 하는 게 자신을 사랑하는 일이 되겠다 싶었다. 계획한 일은 꼭 실행하려고 다짐하지만 못한다. 실행할 수 없으면 아예 계획하지 말아야 하는데 그렇지 못하고 나를 사랑하는 마음으로, 성숙시키는 마음으로 꼭 실천해야 하는데.

고마운 것은 아내이다. 지금은 달라졌지만 아내는 외식을 싫어했다. 자신이 준비해서 집안에서 요리해서 먹는 것을 오히려 좋아 했다. 우리 애들도 물론 그 엄마 덕으로 건강히 잘 자랐고 건강히 지내지만 그건 나도 마찬가지 일 것이다. 물론 애들이 20살이 넘어 서울에서 생활하다 보니 아내와 식사는 같이 많이 하진 않았다.

나는 세상에 태어나서 어릴 때 생모 밑에서 자랐고 6,25 때 돌아가시어 새어머니 밑에서 24년간 살았다. 낳아 주시진 않았어도 나를 굉장히 사랑하시고 자신이 낳으신 아들 못지않게 극진히 키워 주셨다. 그리고 아내와 결혼해 40년 살았고 이것은 아내의 정성 어린 음식 솜씨와 영양식 덕분에 건강하게 살았음을 감사히 생각한다. 여성스럽게 애교도 있고 취미가 같았으면 더욱 좋았을 텐데 그건 부족하나 매사에 정확하고 아끼고 철저한 가사는 나를 위축하게 하는 편이다.

병원도 제대로 안 다니는 스타일이다. 물론 건강하고 고생도 안 하니 그렇겠지만 참고 견디다 늦게야 찾아가고, 약도 의사의 지시대로 꼭 잊지 않고 먹는 게 별로 없다. 아침, 점심, 저녁 3회 먹는 것도 일주일분이면 절반도 제대로 못 먹고 일수를 넘겨 8일,9일까지 먹는 정도다. 아내가 해 주는 보약, 애들이 해주는 건강 음료도 제 끼를 제대로 챙겨 먹질 못하니 내 몸을 정말 사랑하지 않는 게 틀림없다. 맞는 말인지는 몰라도 남과의 약속이나 내 몸에 불편해도 내가 당하고 참지, 남에게 부담을 안 주려고 하는 태도 아닌가 모르겠다. 내 몸에 불편이어도 남에게 불편을 주지 않으려는 마음이랄까? 가까운 이웃이 충고해 주는 경우도 있었다. 나를 사랑하지 않는 경우이겠다.

그러나 요사이는 아니 나이가 들기 시작해서는 고쳐야 하겠다고 다짐하는 경우다. 친구와 어울려 마시는 술도 며칠 전에 과음해서 고생했으니 만나서 술 마시러 나갈 때는 오늘은 절대(?) 과음하지 않겠다고 다짐하며 나가면서도 지키지 못하고 아니 분위기, 술기운에 취해 매양 반복하고 힘들어 하니 자신을 사랑하지 않는 경우 아닌가?

옷을 사서 입는 경우도 그랬다. 금전적으로 없어서는 아닌데 그렇게 비싼 옷을 별로 사려는 욕심이 없었다. 그냥 대중적인 옷이면 되려니 하고 사서 입었다. 아내가 집안 살림 관리하는 때가 많았으니 내가 구매하는 경우가 많지는 않았다. 아내가 사주는 옷은 고급으로 사 준다. 특히 등산복 종류는 싼 것은 안 사는데 나는 그냥 매무새가 어울리고 마음에 들면 고급이냐를 별로 생각 안 하고 사서 입는 경우였다. 애들이 사 준다고 해도 보통 옷을 사달라고 해서 입었으나 아내가 사주는 옷은 그게 아니었다.

음식도 너무 따지지 않고 아무거나 잘 먹었었다.

지금은 달라졌다. 비싸고 좋은 옷을 사자고 생각이 바뀌었다. 식사도 아내와 같이 외식할 때는 비싼 것, 영양식 먹자고 하니 따라 준다. 이제 살 날이 많지 않으니까 그러리라.

건강 검진을 자주해서 돌발적인 병마에 고생하지 말자고 다짐하지만 제대로 실천하지 못한다. 그리고 눈을 너무 혹사시킨다. 책 읽고 글 쓰고 TV 시청하고 신문 보고 하다보면 두 동자에게 너무 일을 시켜 요즘 눈 건강에 대해 생각하기 시작해서 눈 보호 건강식품을 사서 먹기도 했다. 내 몸이 건강할 때 잘 관리하고 저 세상 갈 때까지 관심을 가지고 자신을 사랑하자고 새삼 다짐해본다.

제2부

독서를 해야 하는 이유

아침 6시에 잠자리에서 일어났다. TV를 켰다.어제 저녁 9시에 종합뉴스시간에 시청했으니 비슷한 뉴스지만 밤새 일어난 사건사고가 첨가되어 보도되니, 보기도 한다. 창문을 열고 맑은 공기를 마시며 아침 신문을 들고 아파트 화단 옆에 세워진 정자에 앉아 제목 위주로 타이틀을 읽어본다. 30분가량 소요된다. TV보고 아침 신문까지 읽으면 정신이 맑은 아침이 훌쩍 지나간다. 새 소식을 더 쉽게 알 수 없을까도 생각해 본다. 해외여행 다니며 오랫동안 뉴스를 접하지 못 하다가 집에 오니 구문이 된 신문이 수북이 쌓여 있었다. 전엔 열흘 정도 쌓인 신문은 대충 넘겨가며 보았지만 너무 많이 쌓여 있어 이번에는 포기했다.

수시로 집에 보내주는 정성들여 쓴 고마운 책들을 모두 읽지 못한다. 잘 간직하며 쌓아 놓지만 다 빨리 읽지 못함을 미안하게 생각한다. 읽을거리가 넘친다. 다 읽고는 싶다. 방 하나가 책으로 가득차서 이쪽에서 저쪽으로 옮기고 또 옮기고 하지만 읽지 못해 쳐다보기만 하는 책들도 있다. 값 비싼 책도 가끔 가는, 집 옆 도서관에 가면 한번에 4권씩 2주 동안 무료로 빌려 볼 수 있다.

오래전을 생각하면 먹을 것 읽을 것이 없어서 못 먹고 못 읽었다. 영양가 적은 것으로 배를 채웠고 독서 아닌 시험공부로 책을 읽었다. 시대가 빠른 속도로 변하니 TV도 안 볼 수 없고 신문, 책도 안 보면 세상을 살아가기가 불편하고 뒤진 삶이 된다. 엄밀히 말해 독서는 공부가 아니다. 그냥 TV 보고 신문, 책 본다. 밥을 먹어 육체를 유지하듯이 독서를 통해 정신적인 자양분을 얻는 것이라 할 수 있다. 현대는 엄청나게 빨리 변화되는 시대이다. 그래도 독서만은 필요성을 계속 강조한다.

너무 상식적이고 진부한 느낌마저 드는 요구이다.

너무나 모든 것을 경제 논리로만 해석하려 드는 사회, 심약해지는 학생들, 신자유주의 심화, 사람들 각자의 자신을 추스르겠다는 의지를 가지고 노력하지 않으면 일상의 궤도를 이탈할 위험이 있는 시대이다.

그래서 21세기는 자기계발自己啓發의 시대라 한다. 이에 맞춰 독서는 자기계발을 위하여 필요한 절대요소로 말한다. 자기 계발은 계몽, 자세변화, 심력향상 내지 간접적인 생산능력 향상의 개념으로 설명된다. 현대에 점증되는 긴장을 완화하고 정신적으로 치유되는 수단이다.

또 하나는 고도 경제 성장 뒤에 찾아오는 사회적 피로감과 개인적 절망에 대한 해결방법으로 쓰인다. 나아가 급속한 변화에 대한 신속한 적응의 수단으로 자기계발이 꼭 필요한 요소이다. 그러나 양적인 면을 강조하다보면 논리 이해보다 이미지 이해로 빠지게 되어 독서보다 TV같은 동영상에 빠지는 중독성을 보이게 되는 경우도 있겠다. 독서의 역할은 사람의 정신을 건강하게 하고 사회를 건강하게 하는 것이 무엇보다 중요하다.

사람은 책을 만들고 책은 사람을 만든다. 인간의 변화는 독서에서 많이 시작된다고 보는데 변화는 결과다. 인간을 변화시키는 것에는 3가지를 들 수 있다.

첫째는 사람과의 만남이다. 만나서 대화하고 설득하고 충고하는 과정에서 변한다.

두 번째는 여행이다. 여행을 통해서 새로운 문화, 풍습을 보고 느끼는 과정에서 많은 변화를 느낀다.

세 번째는 구체적으로 독서를 통해 가장 영향이 크고 많은 사람에게 해당되며 빠른 시간에 경제적으로 시간적으로 구애받음 없이 효과를 볼 수 있는 것이다.

독서를 통한 생각이, 행동을 바꾸고 있다. 행동은 습관을 바꾸고 습관은 운명을 바꾸는 경우를 많이 본다. 독서는 인간의 정신 능력을 개발開發한다. 인간의 상상력과 창조성을 개발한다.

문인에게 독서를 해야 하는 이유는 무엇일까?

고맙게 보내주는 문학 작품집을 읽어주어야 한다는 보답을 첫 번째로 꼽고 싶다.

나 자신도 여기에 자유롭지 못하다.

자기 장르 분야의 독서. 더 좋은 글을 쓰기위해 남의 글 졸작도 명작도 끊임없이 읽어 변화를 계속 시도해야 함이다. 좋은 글 많이 읽어야 좋은 글 쓰지요. 고전과 현대문. 일반적인 독서와 문학적인 독서, 어느 문학 장르는 독자가 너무 편협적인 경우도 볼 수 있다. 문인이라는 우리는 과연 얼마나 책을 많이 읽을까요? 요사이 폭우, 폭염이 맹위를 떨치고 있다. 독서를 방해하는 매체, 조건들이 도처에 널려 있다. 서울대가 추천한 꼭 읽어야 할 100권 책 중 과연 몇 권이나 정독했나? 틈만 나면 읽고 쓰고 하고 싶지만 그렇게 못한다.

TV 앞에 있는 안락 시트를 떠나 책상 독서대에 책을 얹혀 놓으며 못 읽은 책과 동행하자고 또 다짐해 본다.

글 쓰며 사는 삶

글 읽기는 모든 사람이 어린나이부터 해야 하고 하는 것은 당연하다. 취미를 조사하면 편하게 '독서'라고 말하는 사람이 많은데 너무나 쉽게 대답하기도 한다. 그런데 글쓰기는 어떤가? 대개는 그렇게 쉽게 대답하고 넘어가는 일은 아니다. 글 읽기와 글쓰기는 수동적이냐 능동적이냐 또 소극적이냐 적극적이냐로 분류하는 면을 떠나, 한 편의 글 읽기 한 권의 책 읽기와 한 편의 글쓰기 한 권의 저서를 출판하는 데는 큰 차이가 있다. 글 읽기는 편해서 쉽게 하지만 글쓰기는 그렇게 만만하게 볼 수 없고 남에게 읽혀질 경우는 간단하지 않음이 사실이다. 사람에 따라서 글쓰기에 더 많은 시간을 할애해야 하는 경우도 있겠다. 자신도 요즘은 여태까지 편안히 읽기 보다는 쓰는 쪽에 관심을 갖자고 다짐해 본다. 많이 좀 쓰자고 할 때 또 틈만 나면 씁시다 할 때는 생각을 해야 되고 잘 써야지 하는 책임감도 가져진다. 원고 청탁이 오면 이미 써 놓은 글을 바로 송고하는 평소에 열심히 쓰는 작가도 있지만 지정해진 주제를 주어졌을 때는 바로 쓰지 못하고 많은 작가는 고민하며 이런 저런 생각을 한다.

"글을 쓴다는 것은 아무것도 없는 곳에서 무언가를 만들어내는 작업이기에 실은 고통스럽다. 가끔 텅 빈 컴퓨터 화면을 들여다보고 있노라면 비빌 언덕이 간절해진다. 말하자면 누가 맘에 드는 힌트를 주거나 누구의 글을 번역하거나 누구의 글을 고치는 작업을 한다면 참 좋겠다. 생각하는 것이다."라고 공지영은 말한다.

"저는 마감할 때면 며칠 밤낮을 한곳에 틀어박혀 밖에 나가지도 않고 자다가 깨면 몇 줄 더 쓰고, 또 쓰러져서 자다가 깨면 몇 줄 더 쓰고 하는 식인데 그러다가 천신만고 끝에 마감해서 문밖에 나갔다가 어느새 노랗게 변해버린 나무들을 보게 되면 좀 섬뜩한 기분마저 들게 됩니다."라고 김연수는 고백하고 있다.

글 쓸 때마다 항상 그런다면 어떻게 글쓰기를 계속 하겠나? 너무 한 번에 많은 욕심을 부리는 게 아닌가 싶다.

글의 종류에 따라 쉽게 써지는 경우도 있다. 세상의 많은 일들은 일단은 모두 글로 써져야 하고 시작되어야 한다. 글은 엉켜진 생각을 명료하게 정리해 주고, 글을 쓰면서 생각을 정리하고 글을 쓰면서 새로운 생각을 만들며 논리적 사고, 청조적 사고를 키운다는 것이다. 단순히 생각이나 지식을 전달하기 위한 것이 아니라 생각을 만들어 내고 지식을 구성하는 중요한 역할을 한다.

시간을 다투는 글쓰기 때문에 초조하게 밤을 하얗게 지새우며 고통의 시간을 보낸 사람들의 이야기를 들어봤다. 기다려 주지 않고 몇 시까지 제출해야 하는데 제대로 써지지 않는 신문 기사, 연설문 작가는 죽을 맛이라 한다.

그래도 글쓰기는 한평생 살다가 저 세상으로 갈 때 저서를 남기고 가는 행운을 가진다. 무엇보다 값진 보배이다.

이제 신문학 제6집이 세상에 나오게 되었다.

좋은 글을 내주신 초대 글, 타 지역 회원 여러분 그리고 우리 전북 회원님께 감사드리고 시화전 수필전에도 협조해 주신 여러분에게 감사의 말씀을 거듭 드립니다.

문인들의 고민

현대는 바쁘다. 교통수단, 통신수단이 현저히 빨라지고 현대화 되었지만 그래도 바쁘다, 바쁘다 한다. 백수건달도 그렇고 젊은이도 그렇단다.

어느 날 선배 문인한테 시집과 수필집을 받았다. 주시면서 하시는 말씀이 '읽어 줄지 모르겠어! 바쁠 텐데.' 한편의 시, 수필을 쓰는데 사람에 따라 다르겠지만 무엇을 쓸까, 어떻게 쓸까 하고 나름대로 생각하고 고민하다가 써지는 게 일반적이다. 바쁜 세상이다 보니 잘 안 써진다는 푸념이다. 문학회 원고 마감일이 지났는데도 제대로 된 책을 내기 위해 작품이 부족해서 실무자들은 원고 독촉하느라 수고가 많다. 개인 문집도 마찬가지 이다.

이런 사전 수고, 써지는 수고, 편집하고 교정하는 산고를 거쳐 세상에 나온 문학지들이 문학인에게는 물론 일반인에게도 읽혀지지 않고 푸대접을 받아서야 될 것인가? 사실 나 자신도 고맙게 보내주는 문학지들을 제대로 읽을 수 없음에 보내준 필자에게 미안함을 금치 못한다. 읽어야 하겠다고 책꽂이 아니 책상에, 또는 침대 머리맡 등 쉽게 펴볼 수 있는 자리에 두지만 읽지 못하고 시일이 가는 경우가 많다. TV 리모컨에는 손이 가는데 책에는 좀 인색한 것 같다. 읽어주어야 하는 데 도리가 아니다.

도서관에 가서 신문도 읽고 보름동안 4권을 빌려주니 내가 선택하고 흥미도 있고 관심도 있는 책이기에 빌려오지만 보름이 훌쩍 지나고 못 읽고 반납 일에 나중에 읽겠다 예정하며 책 제목과 저자 출판사를 메모하고 반납한 경우가 더러 있다. 하물며 문인들이 고맙게 보내주는 문학지는 천천히 나중에 읽겠다며 차일피일 미루다가 너무 미루는 경우도 있다. 전주 시내 대형서점인 홍지서림 (집 옆에도 지점이 있음)근처에 갈 일이 있을 때는 시간을 한 시간 전에 가서 책 구경을 한다. 책을 사려다가도 책 사두고 오래 읽지 못할 책 즉 보름동안 완독을 못하려거든 사지 않으려 한다. 읽을거리가 넘친다.

시집은 시인만, 수필집 소설집은 수필가나 소설가만 또는 작가만 읽는다는 말은 안 들어야 하지 않겠는가? 특히 서두에 선배 말씀처럼 읽어주지 않는 책 (특히 시집 수필집)을 읽게 하려면 어찌해야 할까? 쉽지 않는 답변이 요구된다.

이름이 있는 작가가 쓴 글은 읽으려는, 읽어 주는 글이 되기가 쉽다. 또는 몇 편 읽으니 자기 구미에 맞아서 책 한 권을 다 읽어 주기도 한다. 세상 사람들이 읽어 주는 글을 쓰기위해 우리 모두 문인들은 고민에 고민을 더 해야 하겠다. 나아가 우리 문인들이 쓰는 글들이 대접받게 문인 모두 다 자성하고 노력해야 할 일이다. 전연 읽은 표시가 없는 동인지나 시집, 수필집 소설집이 쓰레기통에 버려진 모습은 우리의 마음을 슬프게 한다.

난해시를 써서 시집 읽기에 흥미를 떨어지게 하는 일, 읽어도 읽어도 이해가 안 되고 성의 없이 써진 시, 너무 신변잡기적이고 읽고 나서도 얻어지는 게 없는, 별 생각이나 살아가는데 도움 되지도 않고, 읽은 후에도 읽은 독자에게 수필 쓰는데 도움도 별로 안 되는 수필 작품. 누구에게나 자유스럽지 못한 과제를 위해 노력해야 할 일이다. 이렇게 생각하다 보면 글쓰기가 어려워지고 주저해 지기도 한다. 그러나 세상에 글로 써지지 않아서 되는 일은 거의 없지 않는가.

문학회 회원도 요사이 보면 젊은이들 숫자가 너무 적고 행사 참여자도 적다. 나이 든 분들만의 잔치 같은 느낌이다. 국가적 차원에서도 관심이 적고 문학이 시대와 대중에게 발을 붙이고 문인들 스스로도 자존심과 자긍심을 회복해야 한다고 생각되고 우리 문인 모두가 합심해서 이런 고민을 풀어 나가야 하리라 본다.

이런 수필(작품)을 썼으면…

K형

언제까지 작품을 내라고 공문이, 이메일이 옵니다. 이번엔 무얼 쓸까? 생각하고 궁리하기 시작합니다. 어떤 사람은 연락이 오면, 써 놓은 작품을 기다렸다는 듯 바로 보내기도 한다는데 그러지를 못합니다. 미리 넉넉히 보내는 게 아니라 마감 날짜를 넘기지는 않지만 거의 날짜에 맞춰 보냅니다. 편집 담당자에게는 미안하지만 성격 탓 버릇이겠지만 능력이 없어 그러리라 생각됩니다. 고교 국어 교과서에 보면 명성이 나 있는 훌륭한 작가들도 원고 청탁을 받으면 마찬가지 고민을 한다고 피력했음을 보았습니다. 더 좋은 글을 써서 보내려는 마음이라 그러겠지요.

K형

인쇄술의 발달로 좋은 글, 좋은 책들이 많고 볼거리, 구경거리도 많아 욕심을 가지고 흥미를 갖고 살아간다면 시간이 부족한 세상입니다. 우리 입장에서 보면 그래도 우리들이 수고해서 써지는 시, 수필 소설 동시 동요 평론 등이 읽혀지길 기대합니다. 그런데 요사이 잘 읽어 주지도 않고 자신도 나태해져 좋은 글을 써내지도 못합니다. 글을 쓸려고 할 때마다 이런 고민을 합니다. 어떻게 쓰면 재미있는 글이 되어 읽는 사람이 즐겁게 읽을 것인가? 재미가 없으면 누가 시간을 허비해서 읽겠습니까.

K형

꼭 흥미 재미가 전부는 물론 아니겠지요. 그리고 또 읽고 나서 다만 얼마라도 얻어지고 느낌과 감동이 오는 글이어야 할까하는 두려움이 앞을 가로 막는 것 같습니다. 재미있는 이야기를 통해서 무엇을 보여주어야 하지 않을까 하는 책임감도 느껴지기 때문일 것입니다. 자연과 인생에 대해서 작자의 아쉬움과 부족함이 겸허한 마음에서 우러나오는 마음의 물결이 아닌가 싶어 그걸 나타내기가 어려워 그럴 것입니다.

형이 언젠가 내 자신이 살아가는데 있어 아쉬움이나 부족한 점, 실패담이 나타나는 것이 자랑보다는 약점을 쓸 때 독자와의 거리가 좁아지고 자신에게도 발전의 계기가 되는 것이라고 말씀하셨지요.

K형

전북에 수필의 대가 선배 J가 있었습니다. 저와 술친구 많이 했지요. 그런데 일찍 작고 하셨습니다. 항상 하시는 말씀이 수필은 쉽게 그리고 아쉬운 이야기 재미있는 내용을 쓰라고 항상 말씀하셨어요. 어설피 아는 작자(시인)가 오히려 어렵게 난해한 작품을 양산한다고 하셨어요. 진실로 하고 싶은 말을 그리지 않고서는 배겨내지 못할 때에 쓸 수밖에 없는 글이 곧 수필이라 하셨습니다. 송나라 구양수의 삼다三多도 강조하셨습니다. 즉 많이 읽고 -다독, 많이 지어보고 -다작, 많이 생각해 보는 -다상량이 제일이라고 하셨습니다. 그런데 이런 말씀을 하시다 술이 취하시면 그냥 화장실 가시는 줄 알고 기다리면 아니 오시기에 이 말씀을 머리에 새기며 남은 술을 마시고 나왔습니다.

K형

형! 요사이 건강이 안 좋아 약주도 많이 안 하시는 줄 압니다. 문학이 어려운 시기라고 합니다만 한강 작가의 '채식주의자'가 맨부커 상 수상은 한국문학의 희망을 불러일으키는 계기가 되었으면 합니다. 건강 회복하시고 좋은 글 많이 쓰십시오.

도서관 휴식처

한낮 날씨 온도가 섭씨 35도란다. 폭염 경보다.

집에서 더위를 식히다가 책 1권, 메모지(노트)를 들고 도서관을 향했다. 집에서 걸어가면 20분 정도 걸리는데 자전거를 타고 가기도 하고 승용차를 이용하기도 한다. 봄, 가을에는 자전거 혹은 걸어서 다니나 지금같이 폭염인 날은 차를 이용한다. 이렇게 더운 날은 도서관에 가서 신문, 잡지 또는 읽으려 계획했던 책을 읽는 게 최고의 피서이고 휴식처이다. 더구나 이제 나이라는 요놈의 숫자 때문에 냇가도 싫고 도서관이 제일 좋은 것 같다. 거기다 즐거운 내용의 책읽기는 나에게 맞는 가장 좋은 좋아하는 피서 방법이고 취미다. 집에서도 에어컨을 아주 더운 날은 켜서 더위를 쫓는다. 1년 중 대개 보름이나 될 것이다. 그러나 도서관에 가면 더울 때는 언제나 시원하게 되고 바른 자세로 독서 할 수 있어 또한 좋다.

집에서는 신문 중 중앙지 한 부만 본다. 지방 뉴스가 궁금해서 지방지, 일주일 분을 토요일, 일요일에 가서 종합적으로 읽는다. 요사이 컴퓨터에 익숙한 젊은이나 거기에 익숙한 사람들은 신문을 거의 안 본다고 들었다. 내가 도서관에 가서 보면 정기 간행물실에 와서 있는 사람은 대개 중년 이상이나 60대 이상이다. 내가 보는 중앙지도 지금 몇 개월 동안 구독료 무료다. 일 년 보며, 구독료 내고 6개월 공짜 또 선물 받고 1년 후 다시 계약해서 같은 혜택으로 신문을 본다. 한 달에 일 만원 평균 구독료이다.

몇십 년 지나면 신문이 없어지려나? 그러나 글로 일단 써져야 인터넷에 올릴 것 아닌가?

은행에서 사용하는 통장(종이서류)도 몇 년 지나면 없어진다고 한다.

서울 아들네 집에 가서 바로 길 건너에 있는 여의도 국회 도서관에 여러 번 들렀다. 전국의 지방신문, 특수 신문, 중앙신문 거의 다 있었다. 외국 신문까지 교실 한 칸 넓이의 공간에 어느 도서관보다 신문이 많았다. 재정적인 지원이 쉽게 이루어지니 말해 무엇 하겠나? 국회의원 비서들이 많이 사용하겠다 싶었다. 당일 신문 내용이 대형 TV에 모두 볼 수 있는 시설이 되어, 종이 아닌 TV로 오늘 신문을 볼 수 있었다. 대학 도서관(광진구 건국대학)과 비교되었다. 대학은 대학 나름의 특징이 있겠지만 최근에 출판 된 도서도 정렬되어 있어 참 최고 권력기관 도서관 다움을 맛보았다 할 수 있다

내가 다니는 지방 도서관은 거기다 비하면 너무 열악했다.

최근 도서도 그렇고 책을 찾으려 해도 책꽂이 사이가 비좁고 너무 낮아 내가 원하는 책 찾기가 힘들었다. 책은 넘쳐 나는데 진열장이 좁고 작은 도서관에 보관하려니 형식적으로 그냥 책꽂이에 꽂아 통로를 다

니며 책 선택이나 찾기에 너무 열악하고 쪼그리고 앉아 찾으려니 여간 힘들지 않았다. 책을 이제 컴퓨터에서 찾아 읽는 시대이나 나에게는 아직 불편하다. 신문도 한 장 한 장 넘기며 읽는 맛, 책을 읽으며 밑 줄 긋고 표해가며 읽어야 하는데 그리 안 되니 그리고 눈이 침침해지니 말이다

도서관이 나에게 편하고 효과적인 독서 장소요, 휴식처이다 중·고 시절 내 방이 따로 없는 시절에 가까운 곳에 도립도서관이 있어 많이 이용했기에 그게 몸에 배었고 공부 효과를 제대로 보았기에 그런 것 같다. 집에서 책상에 앉으면 졸리고 조금 졸리면 자고 싶으나 옆에 열심히 공부하는 사람들 분위기에 따라 경쟁하며(?) 공부해서 그런 것 같다. 내 생각과 같아서 그렇겠지만 도서관에서 만나는 은퇴자들이 많았다. 도서관과 접해있는 공원 정자에도 사람들이 많은데 거기서는 장기, 바둑을 두고 옆에 구경꾼들이 모여 있기도 하지만 나는 그냥 지나가는 정도이다.

나는 도서관에 갈 때는 꼭 모자를 쓰고 간다. 정기 간행물 실에는 신문, 월간지 보러 나이 든 어른이 많으나, 도서 열람실이나 자유열람실에는 거의 젊은이가 대부분이다. 어느 날인가 컴퓨터를 가지고 작품을 치려고 아침 일찍 9시10분까지 전자 정보실에 갔는데 20석이나 되는 자리가 꽉 차 버렸었다. 유료 열람실(연구실)도 취직 시험공부 또는 입시 공부하는 재수생들이고 중간고사, 기말고사 시험 때는 중·고생들이 정기 간행실까지 차지 해 공부하느라 더욱 불편하고 젊은이 속에 나이 먹은 사람이 좀 어색함도 느껴지기도 하기에 그렇다.

그런 불편함이 있어도 평소에는 인문학 강의도 가끔 있고 신간 서적은 많지는 않지만 가끔 읽을거리, 특히 고전은 충분이 있기에 일주일이면 3일 정도는 들리며 즐겁게 이용하고 한 번에 4권의 책을 2주간 무료로 빌려주니 더욱 고마운 일이라 생각되어 휴식처로 계속 이용하고 있다.

쑥대머리

유창한 판소리 가락은 구구절절이 우리의 심금을 울려준다. 이야기의 짜임새도 흐름도 사람을 압도하는 힘이 있다. 해학과 기발한 풍자와 재담 그리고 과감하고 활달한 육담과 욕설로 천하를 호령하는 준엄한 질타와 훈교는 시종 관객들을 달래며 오감을 통쾌하게 해준다고 말한다.

소리꾼과 구경꾼이 하나가 된다. 판소리는 작자가 따로 없다. 소리를 하는 소리꾼과 같이 보고 즐기는 구경꾼들이 모두 함께 만들어 가는 작품인 것이다. 소리꾼이나 듣는 이나 모두가 다 작가요 작곡가이자 연출가라고 한다. 함께 어울려 보태고 덧붙여진다. 그래서 가사가 부르는 사람마다 조금씩 달라지고 나중에는 많이 달라진다. 그리고 우리들의 삶의 이야기들이다. 특히나 춘향이가 한양으로 떠나간 임을 그리워하며 그 애절하고 절박한 옥중 심경을 쏟아내는 정경은 언제나 우리들의 심금을 울려 주는 아련한 만인의 연서이자 또 힘없는 민초들의 한을 대변하는 '소리'라 할 수 있다.

오래전에 고교 국어 교과서에 춘향전이 나오고 거기에 '쑥대머리'가사가 다음과 같이 나와 있었다.

쑥대머리

[아니리] 그 때여 춘향이 옥중 탄식을 하는디

춘향 형상 살펴보니 쑥대머리 귀신형용 적막옥방에 찬 자리에 생각난 것이 임뿐이라.

보고 지고, 보고 지고 한양낭군 보고 지고 오리정 정별 후로 일장수서를 내가 못 봤으니

부모봉양 글공부에 겨를이 없어 이러는가, 여인 신혼 금슬우지 나를 잊고 이러는가.

계궁항아 추월같이 번뜻이 솟아서 비취고저

막왕막래 막혔으니

앵무새를 내가 어이 보며 전전반칙 잠 못 이루니 호접몽을 어이 꿀 수 있나

손가락에 피를 내어 사정으로 편지하고 간장의 썩은 눈물로 임의 화상을 그려볼까

이화일지 준대 우에 내 눈물을 뿌렸으면 야우문령 단장성에 임도 나를 생각헐까

추우 오동 엽락 시에 잎만 떨어져도 임의 생각

녹수부용 채련 여와 제룡 망채엽의 뽕따는 정부들도 낭군 생각은 일반이나

날보다는 좋은 팔자, 옥문 밖을 못나가니 뽕을 따고 연 캐 것나

내가 만일에 임을 못보고 옥중 원혼이 되거드면

무덤근처 있는 나무는 상사목이 될 것이요 무덤 앞에 섰는 돌은 망부석이 될 것이니

생전사후 이 원한을 알어 줄 이가 뉘 있드란 말이냐 퍼버리고 앉어 울음을 운다.

학생들이 한 번 들어 보잔다. 그래서 다음 시간에 테이프를 준비하고 녹음기를 들고 가서 들어 보았다. 가사가 좀 어려워 이해하기가 힘들었다. 학생 하나가 일어나더니 선생님이 한 번 배워 불러 보란다. 그 후 도립 국악원에 다녔다. 기본적으로 사철가, 쑥대머리 충효가만 배우는데 몇 달 걸렸다. 처음에 이일주 명창에게 배웠고 얼마간 쉬었다가 김연 명창한테 배웠다. 가사가 잘 익혀지지 않고 외워도 얼마 있으면 또 잊어버린다. 가르치는 이일주 명창도 어디 초청되어 부르실 때는 몇 번씩 연습해서 가사를 기억해 잊지 않게 하신다고 하셨다. 특히 충청도가 고향인 이일주 선생님은 전라도 사람은 판소리 한 곡은 해야 한다고 충고하셨다.

쑥대머리는 임방울 명창이 불러 더욱 많이 알려지고 많은 사람들의 입에 오르내려졌다고 한다. 명창에 의하여 제 맛과 멋을 더했고 유명해졌으리라 믿는다.

또 황금찬 시인은 나이 드신 후에 들으시고 임방울이 쑥대머리를 불렀을 때 환상의 새들이 날아와 구름이 젖도록 우셨다는 말씀을 남기셨다. 김연 명창의 쑥대머리를 들으며 느꼈다. 여자 명창이신데 체구가

남자 같고 목소리가 우렁차고 한편 여성적인 조화가 어울려 흘러가는 창법이 멋졌다.

판소리가 2003년에 세계문화 유산으로 등재되었다. 지금까지도 판소리가 우리사회에 일반화되지는 못한 것 같다. 대중이 부르는 가요에 비교해서 아직 먼 느낌이다. 물론 젊은이들도 좋아해서 배우고 일부 즐기기는 하지만 가장 한국적인 것이 세계적이라는 격에는 미흡해서 안타깝다. 더욱더 일반화되길 바라는 마음 간절하다.

우리 조상들의 멋과 슬기가 담긴 자랑스러운 유산에 대해 새로운 애정과 관심이 요청된다고 느꼈다.

고 곽병술 회장님을 추모하고 기리며

자전거를 타시다가 사고가 나셔서 전주병원에 입원하시어 문병을 갔으나 대화를 못하고, 다음에도 마찬가지였습니다. 얼굴에 상처가 있고 심하게 붓고 고생스러워 하는 모습을 보고 발길을 돌린 지 얼마 안 되어 별세하였다는 통보에 비통함을 금치 못하였습니다.

박기표 씨가 창설한 한국 신문학회에서 처음 만나기 시작했습니다. 10년이 넘게 제가 총무를 하며 몇 년 후부터 회장님으로 모시며 문학활동을 하며 수시로 만나 뵈었습니다. 너무나 열성적으로 우리 문학회를 발전시키고 번성하기 위해서 많은 열정을 다하셨습니다. 회원 수를 늘이기 위해서 수고하시는 모습에 총무로서는 미안함을 느끼며 활동하였습니다 마음같이 원활이 운영되지 못하고 어려움도 있었으나 옛날 직장동료, 동창 등 각 방면으로 회원 영입에 힘 쓰셨고 또 교회 전도에도 많은 사람들에게 정성을 다해 성의를 다하셨습니다. 이런 모습에서 존경심을 가지고, 같이 문학 활동을 하시는, 연세에 비해 건강하신 모습이었는데 사고로 이렇게 운명을 달리하시니 너무 안타깝습니다.

평생 교직에 계시면서도 그 어려운 여건의 지역에서 학생들을 직업적인 사명감을 떠나 봉사적인 정신으로 오지에서 고생을 마다하지 않으시고 일궈온 교사상은 너무나 감동적이었고 고향 임실을 극진히 사랑하셨습니다. 최근까지 작품집을 내시며 열성을 보이셨습니다. 항상 웃는 얼굴로 대해 주시며 세상을 넉넉하게 사시는 모습을 다시 볼 수 없으니 어찌할까요?

'명산 찾아 10년'의 수필집에서 보였듯이 전국의 명산을 누비며 산천경개를 즐기며 건강을 과시하셨는데 이 무슨 일인가 싶습니다. 등산을 접은 그 후에도 계속 건강을 유지하기 위하여 몸 관리를 잘 하심을 보았습니다.

8순이 넘으시어서도 우리 신문학회에는 열심히 나오시고 애정을 보이셨고 서울본부까지도 2,3년 전까지도 참석하셨습니다.

수필집도 7권, 시집 3권, 가보 문집 기타 3권 등 대단하신 필력을 과시하셨습니다.

이제 뵈울 수 없다니 너무 인생살이가 허무해집니다. 금방이라도 만나면 언제 식사하자고 하시는데 몇 번을 응해주지 못해 미안할 뿐이었습니다. 그러시면서 크게 건강이 아니고 기억력이 쇠퇴함만을 염려하신 기억이 납니다. 사고가 없었다면 지금 86세 이었으니 90세는 물론 더 오래 사실 수 있었을 텐데, 금방 악수를 청하며 웃으시는 모습이 선합니다.

명부冥府에 계시니 지금까지 못 하셨던 일들을 이제 마음껏 하시리라 믿습니다.

우리 한국 신문학이 더욱 힘내라고 기도하고 축원하시겠지요.

'날 몰라 줘도' 제목의 수필선집을 내시면서 퇴직하고 '자녀들 일이나 부모의 일도 다 마무리 짓고 이제 할 일은 내 인생을 돌아보며 글이나 부담 없이 쓰면서 지내고 있다'고 하시었습니다. 8순이 넘으셔서 인생을 정리하는 마음이었을 것입니다. 그러나 다시 작년에 '대동강변 8경대 시'라는 7번째 수필집을 선달 그믐에 보내 주시었습니다. 이렇게 말씀하셨습니다.

'솔직히 글 쓰는 일 말고는 하고 싶은 일도 없다. 다만 글을 쓰되 발표는 말고 집에 두고…' 하셨다. 돌아가시기 전까지 오직 글쓰기의 즐거움과 미련을 남기셨습니다. 글 쓰는 사람들이 새겨 둘 만한 말씀입니다. 명부(저승)에서도 좋은 글 쓰시옵소서.

명복을 빌며, 많은 사람들의 조의와 명복을 비는 마음을 받았으리라 믿습니다.

존경하는 이양구 형님

어릴 때 아버지를 따라 집안에 큰일이 있을 때 그때는 크게만 느꼈던 마을 이쪽 동네에서 멀게만 생각한 저쪽 동네까지 종종 걸음으로 따라다니며 뵈었던 기억이다. 그리고 형님은 공부를 하기 위해 익산, 전주로 떠나고 나도 초등학교를 마치고 고향을 떠나 도회지로 온 후로는 자주 못 뵈었다. 한참 커서 결혼하고 어른이 되어 직장을 구하고 찾아가 본 형님이시다. 가까운 집안에 교육자의 길을 같이 가기에 자문을 구하고 도움을 구하기도 했다. 더 커서 종중 일을 같이 하기 시작하여 자주 만나 뵈었다.

그런데 이제 나이 드시어 미수(88세)를 앞두고 지난 세월을 회고하며 그 동안의 일들을 정리하는 책자를 만든다며 지난 일들의 편린을 보니 참 대단하며 미처 몰랐던 업적을 보며 감탄해 맞이함을 감추지 못했다. 더구나 그 동안에 있었던 감격스런 일들을 꼼꼼히 저장하여 두었던 자료를 보며 그 세세하고 자세함에 다시 한 번 훌륭한 능력과 재주에 감동하지 않을 수 없었다.

어릴 때부터 7남매의 장남으로 태어나 부모님을 도와 농사일도 하며 어린 동생들도 도우며 학교생활도 열심히 하셨다. 저와는 나이 차이가 많고 또 형님 집은 마을에서 떨어져 있고 동네에서도 살림이 어렵지 않게 사시는 집이셨다. 형님의 부친이신 당숙께서는 너무나 부지런하시고 형님을 비롯해 남자 형제분들을 고교는 물론 대학까지 공부시킨 마을의 집안 중 자식들을 가르치시려는 의욕이 가장 으뜸가는 분이셨다. 형님은 또 장남 이었기에 당숙의 성격을 닮아 일찍부터 자립심과 책임감이 철저히 길러진 분이어서 직장일은 물론 조상을 모시는 효심이 길러졌으리라 본다. 형님을 어릴 때는 자주 못 뵙다가 우리 친형이 돌아가시고 50이 넘어 뵙기 시작하기부터이다.

나도 교육계에서 40여 년의 세월을 보냈지만 사립인 관계로 형님이 그렇게 두각을 나타내며 열심히 근무한 사실을 이제야 알게 되었다. 특히나 무주여중고에서 유도부를 창단하여 도 대회 2연패, 전국유도연맹전 우승으로 방송과 신문에 소개되는 업적은 너무나 대단하고 장학사 일을 하시며 세운 업적, 형님의 모교 전주상고(현 전주 제일이고)에서 세운 실적은 나도 교육계에서 다소 열심히 했다고 하지만 형님에게 비하면 너무나 초라함을 느꼈다.

직접적으로 같은 학교나 직장에서 근무한 경험이 없기에 이번 형님이 말씀하시고 쓴 글에서 늦게 알았지만 종중 일을 하면서는 직접 느꼈기에 너무나 잘 안다.

지금 연세가 미수(88세)를 앞 둔 연세이시다. 내가 형님 나이 되어서 형님같이 총총히 기억하고 일을 할 수 있을까 생각해 보았다. 1년 전에 종중(완자 할아버지)의 일을 전부 기억하시고 은행에 가서 통장 정리하실 일을 3일전에 전화하시고 자기(형님 자신)가 돌아가시면 들어갈 묘지며 비석을 이미 다 마련하시고 계시는 걸 보고 나는 너무 주도면밀하심에 깜짝 놀랐다. 지금 연세에도 2억 가까이 되는 할아버지(턱전德全 12대)의 종중의 일을 계속 맡고 계신다. 본인께서는 회장을 그만 두시겠다고 몇 년 전부터 고사하시나 종중에서는 연세는 들었어도 계속하시라고 권장하시니 하고 계신다. 수고하시니 종중회의 때 수고비라도 받으시라고 해도 거부하신다.

누가 종중 일을 자진해서 하려 하는가? 젊은이들 참석자가 드물다.86세 되시는 형님이 하신다. 저보고 지금 총무이신 완구형님이 하시는 일을 맡으라고 하신다. 저는 딴 일 때문에 못 한다고 했다. 종중에서는 아직 젊은 축에 속하는 저도 성실하지 못하고 일을 안 하려고 살살 뒤꽁무니를 살피는데. 형님에게 죄송할 따름이다.

종중 일을 하시는 걸 보고 나라에 아니 교육계에 더 큰 일을 하셨어도 국가에 누를 끼치지 않을 큰일을 무난히 했으리라 생각되었다. 종중에 수고비도 마다하시는 분이시니 더 큰 나라 일이야 청렴하게 얼마나 잘 해 낼 수 있을까? 모교인 전주상고(전주 제일이고)에도 마지막을 장식하며 또 자기 모교이니 정성을 다해 초대형 강당을 지으시고 상업고로서 인기 하락하기에 인문계로 전환시키는 대업을 이룬 것은 후배 및 미래에 큰일을 하신 것 아닌가?

교육현장에서는 못 본 형님이지만 종중에서 심혈을 기울려 한 업적으로 충분히 볼 수 있을 것 같다. 대단하신 능력과 끈기의 형님에게 남은 기간에도 건강하시길 비는 마음 간절하다.

교육자로서 40년간 몸 담아오며 하신 업적은 다른 지면에서 볼 수 있고 우리 집안에서 조상의 음덕을 기르며 하신 거룩한 일도 일일이 헤아리기에 너무 많으나 큰일만 상기해 보렵니다.

우선 턱전(德全, 전주이씨 회안대군 금산 군파 남계도정 공파의 12대손)종친회에서는 언복 (11대조) 세의에 따라 분묘집장에 부응해서 2004년 3월28일에 용진면 신 지리 방축동에서, 귀생(10대조),계용(9대조)은 선산에서, 길협(8대조)은 비봉면 용동리에서, 정부인 동래정씨(8대조비)는 초혼 장으로 완주군 화산면 운곡리 193번지에 2006년 9월에 종의의 뜻을 모아 음기를 약술하여 묘포를 마련하였다. 매년 4월 첫 주 토요일에 같은 영역내의 선대 10위를 합동으로 세일 제를 봉양했습니다.

완자(完자)종친회에서는 완자(7대조), 초산(6대조) 백손(5대조) 필영(4대조)은 2011년5월 윤달에 용진면 운곡리 군목동에 이장하여 음력 2월20일 후 일요일에 선대 8위를 합동으로 세일 제를 봉양했다.

우선(3대)종친회에서는 증조부모, 본정 조부모, 조부모, 본정 백부모 10위를 합동으로 2013년 4월 둘째 주 토요일에 용진면 간중리 소암에서 세일제로 봉양했고, 선비(어머니)는 1983년 음 6월 6일 (74세), 선고(아버지)는 1985년 음력 4월22일(78세)별세하시어 초장이 봉동읍 봉강 전록이었으나 9년 후인 1994년9월에 용진면 간중리 소암촌 선천자좌원에 면봉 (이장)하고 입석하였습니다.

그리고 양조모 담양 국씨는 봉동읍 봉강전록에서 초혼 장으로 2011년 음력 5월 윤달에 양조부모 좌측에 설단 하였습니다.

선영의 일을 연세 많음에도 앞장서서 하셨고 본인의 뮛자리도 이미 설치하고 비석까지 다 갖춰 있음도 눈여겨볼 만합니다.

키다리 짝꿍 교육

오늘날은 급변하는 시대이다.

글로벌 시대에 직면해서 농촌 총각 결혼 해결과 종교의 세계적 다양화, 국제결혼으로 단일 민족의 문화에서 다민족 문화 가정이 늘어나게 됐다.

그런데 그 중 어려운 동남아 이주 여성과 결혼한 가정의 자녀 학습 상황을 보면 놀랍다.

일반가정 미 취학률은 초등 0.7%, 중학 4%, 고등 8.7%인데 비해 다문화가정 미 취학률은 초등 40.9%, 중학 75.5%, 고등 88% 라는 통계이다.

미래의 한국의 어두운 면이 보였다. 교육자로 평생을 보낸 자로 이 일 해결사로 자원했다고 할 수 있다.

한국이 고국이 아닌 어머니의 한국어 활용 능력 부족으로 다문화 가정의 자녀가 제대로 교육을 받을 수 있는 환경이 안 되어 어려움이 가중되고 있는 것이다.

내가 맡은 학생은 아버지는 한국에서 대학까지 나온 사람이고 어머니는 일본인으로 한국에서 일본어를 가르칠 수 있는 가정이고 학생도 학습에 어려움은 없었다.

다만 아버지께서 취직을 못해 가정의 경제생활에 어려움을 겪고 있었다.

일본인 가정의 교육 도움 주기에는 다른 가정과는 달리 시간을 잘 지켜야 한다는 걸 명심했다. 전주시의 서쪽 끝에 가까운 효자동에서 동쪽 끝에 가까운 인후동이어서 거리상의 어려움은 많았다. 버스를 타면 바로 가는 건 없고 갈아타야 하고, 기다리는 시간까지 해서 가는데 한 시간 오는데 한 시간, 그리고 가르치는데 한 시간 반 모두 3시간 반이 걸린다. 승용차로도 돌아올 때도 퇴근 시간이어서 차가 밀려 30분이 더 걸렸다.

같이 하시는 선생님 말씀을 들으니 어머니가 필리핀 출신인데 영어도 아니고 필리핀 고유어를 사용하기에 언어 장애 때문에 가르치기에 큰 어려움이 있다고 들었다.

내가 지도하는 김승훈이는 초등 4학년 학생으로 그런 어려움은 없고 학급에 중류급 성적에서 상위급으로 올리는 학습지도 교사 역할이다. 처음에 요구 사항이든 국어, 사회 지도에 글짓기, 한자 지난번 중간고사 성적이 부진한 미술, 음악 등을 가르쳐 성적이 많이 상승했다고 좋아하셨다. 내가 아니어도 아버지께서도 가르칠 수 있는 환경이다.

다음에 계속한다면 나에게는 지금이 편하지만 이보다 더 열악한 환경에 처한 외국인 여성 자녀 지도를 해야 하지 않을까 생각도 했다.

우리나라도 이제 잘 살게 되어 나라에서 도움을 주는구나하며 내가 어릴 때 어려운 환경이 떠올랐다. 그때 좀 이런 도움을 주었으면 얼마나 좋았을까하고.

국가에서 다문화 가정 돌보기 교육계획을 세운 것은 미래 우리나라를 위해서 퍽 잘한 일이라고 생각되고 전주시에서만 실행하는 것은 아닐 것이지만 젊은 층이 아닌 노인 일자리 주기에서 창안한 것도 더욱 개발할 만하다고 생각된다. 지난 번 현장 체험 학습, 이번의 용인 에버랜드 크리스마스 판타지 계획은 적지 않은 경비가 났겠지만 특히나 이주여성 어려운 자녀들에게는 용기를 주는 좋은 기회가 되었으리라고 믿어졌다.

이주여성 가정에 번영과 행운이 있길 빌었다.

초청할 사람

늦게야 맞이하는 아들 결혼식이었다. 사는 일이 잘 안 풀려 이제야 애비 맘을 편안히 놓을 수 있는 늦은 장가를 가는 것이다. 3년 전에 작은 놈이 먼저 결혼 했고 이번에 큰 놈의 차례로 마무리를 했다. 딸도 없는 내 처지이니 아들 둘을 여우면 끝이고 부모의 역할을 마치나 싶어 후련했다.

이렇게 늦다 보니 내 나이에 아들 장가보낸다고, 청첩장을 보내는 이가 드물고 손자 손녀 격의 결혼식에나 가는데 이런 처지가 되어 초청하기가 썩 쉽지가 않았다. 누구한테 보낼까? 가까운 형제, 사촌, 친척 그리고 가끔 얼굴을 보고 만나는 사람에게 그것도 초대되어 한번이라도 참석한 경우는 그냥 보낼 수 있는데 그 경우도, 아직 나 같이 늦게 까지 여울 자녀가 있는 경우는 그래도 괜찮은데 다 여운 사람에게는 어려웠다. 축하금을 내는데도 서울은 식비가 너무 비싸 지방과는 큰 차이가 났다. 작은 아이 결혼할 때 서울에서 비용을 보니 너무 엄청 났다.

축의금 액수를 한번 생각해보면 어려웠다. 결혼식에 많이 갈 때, 나는 잘못 생각한 것이다. 적당한 축의금을 내야 나의 행사 때도 초청하면 부담 없이 가볍게 그러리라 생각되어 무리 없는 액수로 그냥 내고 다녔다. 그런데 그게 아니고 많이 내고 많이 받는 것이 어찌 보면 좋지 않을까 생각도 되었다. 누구든 요사이 돈이 좋아, 친구가 좋아, 술이 좋아 하듯 많이 주어야 좋겠다 싶은 생각으로 바뀌었다. 내 욕심 챙기는 속셈이 발동한 나쁜 마음인가 모르겠다. 한 친구와 친척이 너무 많이, 아니 상식에 벗어난 축의금을 주니 이것은 품앗이라 생각되어 비슷한 축의금 액수를 맞출 수밖에 없었다.

특히나 서울이나 거리가 먼 지역에서 있는 경우는 마치 봉투만 내라는 것 같아 더욱 민망하여 사전이나 사후에 대접하는 방법도 좋을 듯싶었다. 나의 경우에는 둘 뿐이어서 괜찮기는 하지만 그래도 너무 늦게 이루어지는 경우여서 또 어려움이 있었다. 남이 많이 하는 시기에 같이 해서 끝나는 게 좋은데, 물론 나쁜이 아니고 요사이 늦게 결혼하는 추세이고 결혼해도 몇 년이 지나도 2세를 두지 않는 풍조가 많다고 하니 내 마음 대로 안 되어 쉬운 일이 아니다 생각하기도 했다.

한 자식이라도 그냥 지방에서 한다면 편한 일일 것 같다는 생각도 몇 번 해 봤다. 차를 불러야 하니, 가는 동안 오는 동안 식사, 간식, 술 등을 준비해야 하고 오랜 시간 동안 기다리게 하는 불편함을 주고 못 가는 사람에게 대접도 못해 또한 미안한 일이었다.

한 직장에서 30년 넘게 근무하다가 퇴직했는데, 누구한테 청첩장을 보내고 누구한테 안 보낼까 망설였다. 인사 이동이 거의 없고 같은 사무실에 다 알테니 쉬운 일은 아니었다. 떠나고 처음 둘째 결혼 때는, 그냥 전체적으로 알리고 말았다. 지금은 떠난 지가 10년이 가까워지는데 그간 연락이 되거나 만나기라도 했으면 가능하지만 전연 내통이 없는 경우, 이동도 없는 그리운 얼굴이 생각나는 옛 동료에게 보내자니 가까운 곳도 아니고 무슨 고지서(?)보내는 것 같았다. 나 자신은 퇴직 후에도 연락이 오면 해외여행을 하거나 멀리 떠나 있을 때 외에는 거의 참석했었다.

연락 않기로 마음먹고 있었는데, 가까운 친구 조언이 마지막이니 알리라 해서 좀 가깝다 생각되는 사람에게 개별적으로 보냈다. 의외의 축하에 감사했고 알리지 않은 사람이 축하해 준 것에 미안하고 고마웠다.

멀리 떨어져 살며 그리워도 불러서 식사하고 술 한 잔 하기가 그냥 쉽지만은 않았다. 이런 때(애경사)라도 만나서 얼굴 보며 식사하라고 생긴 미풍양속이 아닌가 생각되었다. 그런데 서너 번 찾아 갔는데 초청해도 한 번도 안 오니 섭섭했다. 군대에서 만난 경상도 친구는 아들 딸 결혼 때 내가 진주, 산청까지 가고 우리 아들 서울에서 결혼 때마다 오니 특별히 고마웠다

오늘도 모임이 있는데 혼사 때 대접 못했으니 미안함을 면할 기회가 될 것 같다. 사례의 인사 말미에 댁에 애경사가 있으면 꼭 연락해 주시라고 첨가했다.

제3부

이사 고민(포장이사)

이사는 상당히 힘든 일이다.

집 선택도 그렇고 자금 준비, 살아가는 일 중에 큰일 중 하나다. 본인 결혼, 취직, 자녀 결혼, 회사 설립 등과 같이 대사중 하나다. 게을러 그런지 이 어려움을 회피하기인지 나는 이사를 요 근래 안 했다.

결혼 후 셋집에 살다가 처음 마련한 16평 아파트에서 살다가 24평으로 옮기고 다시 32평으로 옮겨 25년을 한 곳에 살고 있다. 30년 넘게 한 직장에 근무했기에 직장에서 가까운 곳이었다. 차로 15분, 걸어서 35분 퇴직하기 전 까지는 이사는 생각도 안 했으나 아파트가 오래되어 싫증나고, 살며 중간에 고치고 바꾸고 하며 그냥 살았다. 바꾸려는 생각은 안 했다. 그런데 요새는 새로운 형태의 아파트에서 새 맛 느끼며 살아볼까도 생각이 들었다. 그러나 실천은 못하고 있다.

그런데 서울 사는 두 아들들이 반년 사이에 이사를 해서 좀 유심히 보았다. 남들이 이사해도 요새는 구경을 잘 안 가는 세태여서 느낌이 적었는데 아들들이 깨끗하고 새로 지은 집으로 이사해서 번뜻하고 새로운 새 개념의 아파트를 보며 느낌이 많았다.

최근에 작은 아들이 이사를 한다 해서 이번에는 직접 한 번 새로운 이사 형태인 '포장이사'를 보았다. 이사 전날까지 별반 준비가 없었다.

이삿짐이 KGB 영등포 이사 차(대형)에 가뜩 한 대 분은 되었다. 아침 8시에 남자 3분, 여자 한분이 차와 같이 여의도 국회의사당 바로 앞 오피스텔에서 광진구에 있는 뚝섬유원지 바로 옆으로 이사했다. 볼박스 30여 개, 바퀴달린 이동 트레일러, 포장지 기타를 가지고 와서 분야별로 포장해서 직업적으로 아주 전문적으로 주인은 그냥 말대꾸하는 정도이고 업자들이 담고 묶고 또 나중에 이사 가는 집에 도착해서, 풀어서 제자리에 정리하는 것까지 전부 해 주었다. 그 중에 여자 한 분은 주방의 식기류, 냉장고에 담긴 것들을 묶고 나중에 풀고 새집으로 옮겨 자리 정해 완벽하게 청소까지 해주었다. 나도 옆에서 거들다가 괜히 오히려 방해가 될 정도인 것 같아 처음에 좀 돕다가 슬그머니 밖에 나와 시원한 곳에 놀다가 차에 신는 장면을 멀리서 보는 듯 마는 듯하며 보냈다.

처음 살림을 실어 담고 묶는 데는 서툴러 도움이 안 되고 나중에 이사 온 집에 가서 풀어서 자리 정리할 때는 내 소관이 아닌 아들 살림이니 뭐라 간섭할 일이 아니기에 도움이 안 되었다. 주인인 아들이 알아서 할 일이었다. 주인도 입으로만 지시하고 유난히 더운 금년 8월에 인부들만 땀 흘리는 '포장이사'였다.

나 젊을 때 서너 번 이사 했는데 이사 후에 몸살이 났다. 이사 열흘 전부터 얼마나 걱정스럽고 힘들었나? 그러나 지금은 같은 지역이 아닐 때는 더 추가 되겠지만, 예를 들어 전주에서 서울의 경우. 그러나 서울 시내에서 30~40분 되는 거리에서는 비용이 백만 원 정도이면 끝이란다.

그런데 이런 생각을 하면 안 되겠다 하면서도 염려가 되었다. 큰 것은 우선 옷 종류에서 작은 것은 무슨 조그마한 것이라도 묶고 담고 나중에 다시 펴서 정리하는 과정에서 혹시 손실 당하는 사례가 없을까하고 염려되는 일이었다. 물론 이삿짐센터가 거창하게 국가적으로 여러 지점까지 두고 하는 영업 경영에서 이런 사례가 발생하면 회사가 망하는 것은 시간문제이니 감히 없을 것이라고 믿고 맡겨야 한다고 하지만 어찌 그런 염려까지 배제하기가 쉽지 않았다.

다음날까지도 분실한 것이 기억되지 않아서 다행이지만, 사실은 분실했는지 어쩐지는 아직 모르는 현실이었다. 무엇 좀 가져가려 작정하고 빼내려면 박스에 넣고 묶을 때나 박스 채 운반하다가 중간에 빼 돌릴 수가 얼마나 있겠나 싶었다. 물론 귀중품은 배낭에 담아 옮겼다. 대형 이삿짐 차에 전부 싣고, 차를 몰고 인부들끼리 어디 가서 식사하고 나중에 오후 2시 넘어서야 이사한 집에 도착했다. 아침 8시에 와서 오전 내내 묶고 담고 차에 실어서 오후 2시부터 5시 다 될 때까지 짐을 내려 풀어 정리하고 마무리하고 마쳤다.

분실인가 없어졌는가 하는 경우는 부자간에도 있기에 생각났다.

내가 50대이고 아들이 20대일 때, 서울에서 학교 다니다가 전주에 오면 집안에 쓸 만한, 큰 것 아닌 것은 나중에 서울 아들 집에 가 보면 있다. 넥타이, 볼펜, 수건, 책 그중에서도 좀 좋은 걸 가져갔다. 그런데 이제는 바꿔서 내가 아들 집에 가면 이놈들이 돈을 잘 버는 놈 집에 가면 구두, 좋은 옷, 책, 일용품이 맘에 들어서 갖고 싶을 때는 말할 때도 있고, 가져오고 나서 나중에 내가 가져갔다고 말할 때도 있다. 달라고 말할 때가 많지만 그냥 가져오는 경우도 가끔 있다. 옷이나 구두는 나와 애들의 사이즈가 같다. 구두 운동화는 오래 안 신는 것까지 합치면 내 것의 다섯 배는 되는 것 같다. 아들 하나는 책을 그렇게 많이 사고 하나는 옷, 신발을 필요 이상 많이 사는 성격이다.

보이니까 알지 안 보였으면 그냥 모르고 지날 일들이다. 포장이사 얼마나 편한 일인가 생각되지만 그런 고민도 있으니 그렇다. 지금 생각하니 모두 기우였다.

옛날 어떤 친구는 이사를 자주하기에 어떻게 그 고생을 하며 이사했는가 생각했는데 그 친구 사모님이 사고팔고 하더니 부부 직장 가진 우리보다 수입이 좋아 톡톡히 재테크를 한다는 걸 들은 기억이 생각난다.

아들이 이사한 집에 대해 자세한 것은 내가 물을 수 없다. 내가 돈도 대 주지 않았으니 말이다. 좀 과한 것 같은데 경관 값이 2억이라는 집을 사는 걸 보니 재테크를 좀 했는 것 같다. 포장이사 하기가 편하니 나도 이사해서 새집에 살며 남은 인생을 25년 사는 집을 바꿔 즐길까 하니 책이 염려 되었다.

이사 간 집이 18층이다. 뚝섬유원지가 눈 아래 훤히 보이고 한강, 잠실 체육관, 서울에서 제일 비싸다는 아이파크 아파트도 보이고 제일 높게 짓는 롯데 타워도 모두 보이는 아파트이니 전경이 훌륭했다.

그렇게 포장이사를 하니 재테크를 위해 이사하는 것이 힘들지 않고 쉽게 일 처리 되니 이사도 가 볼 만하겠다 싶었다. 전주는 그렇게 변화가 없지만 서울 관악에 있는 아파트도 10년 사이에 거의 3배 올랐기에 그렇다. 지금이야 상승이 아니라 더러 손해 보기에 물론 쉽지만 않을 것이다.

지갑의 넋두리

주인아저씨 어쩌다 저를 잃으셨나요?

정신을 차리셔야지 바쁘다고 설치다가 택시에 그렇게 빠뜨리고 내리시면 어떡해요?

저는 요사이 개인적으로 불만이 있었어요. 왜 그렇게 무얼 잔뜩 넣어 배가 터지게 하는 지 힘들었어요. 그렇지 않아도 한 번 아무데나 주인아저씨 모르게 필요성이 적은 걸 집에 있는 책상속이나 아니면 아무데나 토할까도 생각했어요. 언제인가 주인아저씨가 그러려고 망설이다가 말더라고요. 저를 좀 가볍게 하시면 그날도 제가 왜 주머니에 제대로 안 들어가고 바닥에 떨어졌겠어요? 그리고 제발 큰 돈 일랑 제가 부담이 되니 넣지 마세요.

주인아저씨가 택시 앞좌석에 탔는지 뒤에 탔는지 전 잘 몰라요. 저는 주인아저씨 손에서 주머니로 들어가지 못하고 바닥에 떨어져 어둔 밤이기에 한참 있다가 옮겨졌는지 아침에 옮겨졌는지 기억이 없어요. 오래 있다가 기사님이 청소 하다가 저를 발견했다고 했다면서요?

저는 다음 날 누군가의 손을 거쳐 주머니에 들어가기 전 주운 사람이 제 속에 많은 돈이 들어 있는 걸 보더니 놀라면서 표정이 이상했어요.

사람들의 표정을 제가 어떻게 알 수 있나요? 제는 제 주인을 빨리 만나야 할 텐데 남의 주머니에 있으니 불안했어요. 멍청해서 잘 모르지만 돈 때문이 아닌가? 생각되더군요. 주인아저씨는 저를 어디에서 잃었는지 생각했겠지요. 혹 식당에서 식사하다가 빠뜨렸는지, 길거리, 화장실, 택시 속, 그런데 제 속에서 돈을 내어 택시비를 냈다는 주인아저씨의 말씀과 혼몽 중의 기억을 살려 알았다면서요?

환영 회식이라도 약주를 너무 많이 드시면 어떻게 해요? 다음에는 건강도 생각하셔서 알맞게 드신다고 맹세하세요. 나이도 생각하시고 멋진 자세 유지도 생각하셔야지요.

하여튼 제는 누군가의 주머니에 들어 있었어요. 택시기사 주머닌가 택시 안 포켓인가에서 다음날 오전을 지나고 점심을 먹은 후까지 있었어요. 기사 아저씨가 전화를 받고 저를 다시 열어 본 것 같아요. 제 속에 있는 별초 비용 7장의 5만 원짜리와 2장인 만 원짜리, 그리고 천 원짜리를 세어 보는 듯 했어요. 기사님께 저(지갑) 주운 일 없느냐고 묻는 전화가 왔어요. 주인아저씨 음성이었어요. 걱정 근심이 가득한 표정의 목소리였어요.

오후 4시가 되어서 기사아저씨가 전화를 받는 걸 들었어요. 주인아저씨가 기사아저씨한테 제를 돌려 달라는 이야기였어요. 처음에는 아니라고 하더니 사정하는 주인아저씨의 말을 계속 듣더니 조금씩 달라지는 듯 했어요. 돈은 잃었다가 다시 벌면 되지 않느냐 그러나 제 속에 있는 카드. 증명서 각종 서류는 없어서는 안 된다고 하니 기사아저씨의 마음이 달라지는 듯 하더니 누구를 부르데요. 기사아저씨는 제 속에 있

는 카드를 사용할까도 생각 했겠지요

주인아저씨는 평소에는 상당히 꼼꼼해서 무얼 잃어버리지는 않는 다는 걸 저도 알아요.

그런데 약주만 드시면 가끔 실수를 하는 것 같아요. 제가 생각하기에 사용하시는 두 곳 은행카드는 정지처리를 했으리라 믿어요. 그리고 얼마 후에 기사아저씨는 누구를 부르데요. 그분을 만나 제는 그 분한테 전달되고 전달 받은 아저씨가 주인아저씨를 부르데요.

그날 저녁 다행히 제는 주인아저씨 손에 전달되었어요. 제가 있어야 할 주머니에 다시 들어가 있으니 그렇게 편할 수가 없더라고요. 더 고마운 것은 주인아저씨가 저를 얼마나 다정하게 만져 주는지 정말 기쁘더라고요. 주인아저씨 마음을 알아요. 제가 길쭉해서 그리고 표면이 약간 미끄러워 주머니에서 잘 빠져요. 그래서 저를 버리고 저보다 좋고 표면이 까칠까칠해서 잘 빠지지 않는 새것이면서 저보다 멋진 것으로 바꾸려는 마음을 알아요. 그러면 저를 어떻게 할 것인가요? 그 사건 후부터는 저의 몸속에 돈이 한 푼도 들어오지 않데요.

그런데 대신 돈 같이 쓸 수 있는 수표 아니고 농협 상품권이 석장 들어있어요.

그리고 주인아저씨 주머니가 아니고 책상 속에서 있으니 편해요. 주인아저씨 저를 영영 버리지는 마세요. 색깔 있는 조그마한 지갑을 가지고 다닌다면서요?

주의하세요. 주인님 사랑해요.

버림의 용기

한 곳에서 오래(25년) 살다보니 잡동사니를 품에 안고 살았다. 버려야 하는데 용기가 없어서 그냥 두고 살았고 그런 것 때문에 고민 아닌 귀찮음을 참고 살았다. 아들 둘이 떠나 집안 살림을 저대로 하는 생활이니 아내와 나만의 생활을 20년 넘게 하니 생활 환경의 변화를 아내는 수시로 외쳐대며 요구했다. 그냥 듣고 지냈다. 별로 생각해본 경우가 없고 필요성이 무디어 그냥 지냈으나 아래층의 위층에 대한 불만이 가속되니 내 마음도 변할 수밖에 없었다. 화장실과 싱크대 주변이 위층에서 부실과 노후된 배관 파이프 영향으로 어려움과 피해를 주어 견디고 버티기에 한계에 이르렀다. 이사를 생각도 해보았다. 그러나 위치와 환경이 매우 좋아져 미루던 중이었다. 같이 사는 아파트 동료들과 대화 결과 나만이 게으르지 570세대 중 절반이 리모델링했다는 너무나 안이하게 살아온 자신이 부끄러워 무조건 아내의 성화와 요구에 응해서 며칠간의 생각 끝에 살림을 모두 이삿짐센터에 맡기고 리모델링을 하기로 결정했다.

그런데 고민 중에 큰일은 책 처리였다. 나머지 살림이야 보통의 용량이나 나만의 특수성 때문인 책(?)처리가 어떻게 해야 할 지 며칠간 고민

했다. 몇 년 전에 책을 지하실에 아파트 관리소장의 양해를 구하고 상당량을 내려 보내 보관 중에 있다. 그래도 책이 아직도 이사 내지 집수리에 고민 제 일호였다. 어떤 책을 버릴까? 버리기가 쉽지 않았다. 어떻게 고민해서 썼고 출판되어 정성들여 보내준 책들인데. 누구는 이러저러한 방법으로 버리고 처리했다고 하지만 나는 정말 버리기가 힘들고 고민 많이 했다. 그래도 버려야 한다. 그러면 무엇부터 버릴까? 순위를 우선 정해야 했다.

시, 소설, 수필, 동시, 동요, 평론 등 개인 문집은 책꽂이에 두고 우선 월간, 격월간, 계절별, 연간별로 나오는 책들을 모아 일단 내치고 그래도 책꽂이가 세 개에서 두 개로 줄이고 하나는 지하 창고에 두며 아직도 미련이 남아 있다. 왜 이렇게 못 버리나? 글 쓰는 사람 모두 다 그럴 것이다. 당장 읽지는 않으면서 언젠가는 다시 읽겠지?! 다시 찾겠지?

두 번째로 버리고 추려야 할 것이 옷가지였다. 누구는 2,3년 동안 한 번도 입지 않으면 버리라고 한다. 그것도 쉽게 결정하고 내치기가 어려웠다. 17일 동안 살림살이가 이삿짐센터에 외출했다가 되돌아와 정리하는 기간, 열심히 버리기에 일주일 동안 8층에서 분리 쓰레기장을 열댓 번 오르내렸다. 리모델링해서도 그렇고 버리니 집이 깨끗해져 마음이 가볍고 후련했다. 분리수거쓰레기장에 오가며 느끼는 마음, 아직 쓸만한 물건이 마구 버려짐을 보았다. 어렵고 못살 때가 생각나고 격세지감을 느끼었으나 우리 같은 기성세대의 이야기일 것이다.

그냥 어디에 놓아두면 쓸데가 있다는 구닥다리 생각, 필요할 때가 있을지 모르니 못 버리겠다는 생각, 우리를 잡동사니들의 틈새에서 허덕

이게 하고 있었다.

부모와 헤어져 살기 시작해서 이사를 5번 밖에 안했다. 동생 중에 이사를 28회 한 집에 잠시 머물며 보니 집안에 잡동사니가 적고 깨끗했다. 버리기 선수 같았다. 버리지 못하는 용기. 버리기 위해서는 해당 물건을 일부러 망가지기 쉬운 곳에 놓아 두어 부서져서 혹은 곰팡이가 피어서 어쩔 수 없이 버려야 할 상황이 되기를 은근히 바라기라도 해야 한다고 한다.

책을 어디다 기부하려 했으나 거기에서도 처음에는 응하더니 요즈음은 그렇게 반갑게 맞이하질 않았다. 그러니 책들은 책꽂이에서 방바닥으로 또 베란다에서 나중에는 아파트 계단아래 공간에 머물기도 하게 되었다. 책을 내치는데 오래 걸렸다. 만일을 대비하여 보관하고 있는 모든 물건들은 사실 두려움 때문에 버리지 못하는 것이라고 말하더라고요.

다음 글을 읽고 당신의 잡동사니를 즐겁게 치울 수 있기를 기대합니다.

"다락방을 청소하는 데 일주일이 걸렸지만 나는 지금 너무나 기쁘고 몸이 에너지로 가득 찬 듯 날아갈 것만 같습니다. 나는 다락방에 무려 30년 동안 물건을 쌓아 왔습니다. 오래 된 연애편지들, 사진과 장신구들, 기념품, 책 등이 다락방을 가득 메우고 있었습니다. 그 물건들이 하는 일이란 기껏해야 먼지를 모아들이고 쥐에게 오락거리를 제공하는 것뿐이죠. 결국 난 그곳을 깨끗이 치우고 작업실로 개조했습니다. 지금은 집에서 내가 제일 좋아하는 공간이 되었습니다. 무엇보다 내 안의 창조성을 새롭게 발견하게 되어 기쁘기 그지없습니다. 마치 막혀 있던 사업의 하수구가 뻥 뚫린 것처럼 말이죠. 꿈이 이루어진 것처럼, 모든 것이 새롭게 시작되었습니다."

버림 예찬 (2)

이사를 안 하고 오래 한 곳에 사니 집안에 버려야 할 것이 이곳저곳에 많다.

특히 내게는 책이 애물의 첫째이다. 이사를 가려면 옮기는데 힘이 들 것 같다. 그중에 오래된 책을 과감히 버리지 못하고 같은 방안 책장에서 자리바꿈만 하며 심리적으로 힘들게 한다.

이번에 버리기로 작정했다. 결심은 하지만 실행에 옮기기에 망설여지고 시간을 끈다. 영국의 케린 킹스턴의 '공간정리'를 읽고 새로운 결심을 하게 되었다. 누렇게 색이 변한 책, 세로쓰기 책, 출판된 지 30년 이상 지난 책 들을 버리지 못하고 있었다. 생각해 보아도 다시 읽지는 않을 것 같은데 언젠가는 필요해질 것이라는 이유 때문에 버리질 못한다. 버리지 않고 간직하는 것이 옳은 일이 라고 생각했기 때문에 필요하다고 느끼는 것일 뿐이라는 의견에 공감이 갔다. 재활용을 위해 빈 유리병과 플라스틱 통, 계란상자 등을 찬장 가득 쌓아 두었지만 지난 20년간 단 한 번도 재활용한 적이 없었다와 비교해 보면 30년간 언젠가 보기 위해 책장을 차지하고 있는 고전 책과 같다 하겠다. 버리고 나면 다시는 필요도 하지 않을 것이며 설사 필요해진다 해도 비슷하거나 더 나은 책이나 물건이 적절한 시기에 등장하게 된다는 생각은, 버리고 싶은 생각에 가속을 더하여 준다. 현재도 가끔 사용한다면 모르지만 그냥 간직용으로, 추억으로 남기기 위해 버리지 못하는 나의 에너지가 스며든, 감정이 스며든 걸 버리지 못하는 건 나의 에너지를 과거에 붙잡아 두어 미래에 대해 나약하고 불안한 존재로 만든다고 했는데 그럴 것 같다.

이런 물건, 책등을 소유하지 않으면 당신은 수준 낮은 인간이라는 말에 합류하는 무리 속에 들기 위해 우리는 탈출 기회를 잃고 있음에 내 자신도 조금은 느낀다. 싱크대 서랍에 장식용으로 진열되어 있고 10년 넘게도 한번 쓰이지 않는 경우도 많다. 아파트 재활용품 처리함 옆을 지나다 보면 볼 만한 책과 물건이 가끔 보인다. 자존심이 있어 차마 들고 오지 못하지만 버리는 사람도 상당한 용기로 버렸음을 짐작해 본다. 자식들이 어렸을 때 쓰던 운동기구도 아직 성성하기에 과감히 버리지 못하고 이리저리 자리이동만 하고 버리지 못한다. 어떤 사람은 너무나 많은 구질구질한 것을 붙들고 있어서 거의 심각한 강박적 정신장애를 앓고 있을 정도라든가 언젠가는 필요하게 될 지도 모른다는 걱정 때문에 아무것도 버리지 못하는 사람들에게 이런 말들은 많은 도움이 될 것이다.

수북이 쌓인 신문, 서류, 책들은 나를 결속시켜 진짜로 자유롭게 해방을 못하고 전전긍긍하는 경우가 여러 번 있다. 쓸모없는 물건에 집착하는 것은 버리는 것이 두렵기 때문이다. 버리는 과정에서 그들이 부딪치게 될 감정이 두렵고, 나중에 후회하게 될까봐 스스로 나약해지고 상처받기 쉬운 존재가 될까봐 두렵다. 치우려면 많은 기억, 많은 문제들과 마주쳐야 하는데 본능적으로 이를 알고 두려워하는 것이다. 그러나 그 보상은 두려움을 뛰어넘을 만하다. 사랑과 두려움은 같은 공간에 동시에 존재하지 않는다고 한다. 두려움 때문에 집착하는 물건들은 사랑이 스며드는 공간을 막아서고 있다. 그 물건들을 버려야 더 많은 사랑이 햇살처럼 쏟아질 수 있다고 한다. 두려움은 진실한 내가 되려는 나로부터 진실로 하고 싶은 일을 하려는 나로부터 에너지를 앗아간다. 잡동사니를 청소하면 삶의 목적이 좀 더 분명해질 것이다. 두려움은 생명의 에너지를 억압한다고 본다. 그걸 놓아야 스스로의 고유한 생명력과 접속될 수 있다. 버릴 것을 버림으로써 나는 자유롭게 내가 될 수 있다. 이것이야 말로 자신에게 선사할 수 있는 가장 귀한 선물이 아닐까.

같이 근무하던 동료 두 분이 비교되었다.

한 분은 생기는 대로 모든 걸 쌓아둔다. 가득히, 수북하게 싸여 더 둘 곳이 없어지고 책상 앞에 앉아 서류를 꾸미거나 책을 펴고 교재 연구할 책상 위 틈새조차 찾기 힘들다. 또 한 분은 젊은 친구인데 새로 오는 서류 또는 우편물, 책 등을 한번 보고 서류철에 끼거나 버릴 것은 그냥 휴지통이나 캐비닛에 넣어 책상 위가 너무나 깨끗하고 좀 비어 있는 느낌이었다. 그때는 그저 그렇게 느껴졌다. 그런데 오랜 후에 생각해보니 새로운 걸 발견했다.

구질구질한 이런 것들은 내 주위를 무력하게 만들고, 인생을 만끽하려는 우리의 능력 역시 무력하게 만들고 날마다 똑같은 일을 반복하여 몇 년 몇 해를 판에 박힌 생활을 하면서 습관에 길들여 져 가는 것이다라고. 사람들이 매우 따분하게 생각하는 사람으로 변해가는 것이다. 이걸 버리고 치움으로서 주위를 새로운 바람을 불러들여야 한다. 단지 물건의 위치를 옮겨주는 것만으로도 에너지를 새롭게 할 수 있다. 진실로 인생을 열정적이면서 즐겁고 행복하게 보내고 싶다면 집안을 대청소하는 것은 근본적인 일이다. 마치 몸 안으로 맑은 에너지가 흐르는 듯한 색다른 체험을 하게 될 것이다. 공간 에너지와의 접속회로가 막혀있는 한 이런 체험은 결코 일어날 수 없다는 이론이다.

우리의 육신은 잠시 동안 영혼을 담아둔 성전이며 그 육신이 살고 있는 집보다 확장된 의미의 성전이다. 내가 변화하고 성장함에 따라 집이라는 공간속의 물건들도 변화해야 한다. 그래야 그것들이 나의 존재를 보다 정확하게 반사해 낼 수 있는 것이다. 특히 자기 수양에 힘쓰는 사람이라면 정기적으로 자신의 환경을 새롭게 꾸며야 한다. 그러므로 늘 버려진 구질구질한 것들의 흔적을 남기고 그것이 자신의 발전의 한 증거임을 흐뭇하게 즐겨야 할 것 같다.

신문을 읽다가 나중에 혹시 참고가 될까 해서 모아둔 것이 대 봉투에 가득하다. 다시 읽어보고 필요할 것을 찾았으나 공력에 비하면 너무 적었다. 아이들의 일기장, 어릴 때 쓰던 생활용품들이 필요한 장본인들이 집을 떠나 10년이 넘었지만 그냥 못 버리고 서랍에 담아 두고 있다. 버려야 하겠다고 하면서 그래도 자식들에게 '버려도 돼야'고 물어봐야 할 것 같다. 잡동사니를 버립시다. 이론으로 익혔지만 실천으로 옮기는 게 중요할 것 같다.

좋은 아파트(집) 타령

같은 층 바로 앞 출입문 사이 아파트(집)에 상당히 오랫동안 같이 살다가 이사 가고 새로 이사 온 사람이 누구인지 모르나 이사 오기 전 수리를 하느라 야단이다. 공사를 하는 업체에서 소란을 피워 죄송하다는 메모가 엘리베이터에 붙어 있긴 했다. 하루 종일 시끄럽게 기계소리 짐 옮기는 소리가 며칠간 계속 되었다.거기다 앞 집 아래층이 화장실을 새로 리모델링(개보수) 하느라 시끄럽다.

그렇게 시끄럽더니 우리 층 아랫사람이 어느 날 찾아와서 자기 집 화장실에 누수인지 방수인지 때문에 화장실 천장에 물방울이 생기고 전등용 전기가 나가 전등불을 사용할 수 없다고 한다. 위층인 우리가 조치를 해 주어야 한다고 한다. 사는 아파트가 꽤 오래 되었다. 20여 년이 되었다.

시골 농촌에서 초등학교 마치고 도시로 옮겨와서 처음 단독주택에 몇 군데 거쳐, 아파트는 지금 사는 곳이 세 번째 집이다, 단독 주택에서 정원도 만들고 화단도 예쁘게 가꾸며 살지 못하고 여건 상 아파트에 오래 살게 되었다.

우리나라 주택 중 60%이상이 아파트이고 고층 아파트가 많은 나라

중 으뜸이란다. 같은 아파트에 오래 살다보니 싫증도 나고 바꿔볼까도 생각했지만 사는 아파트 주변에 편리한 시설이 너무 많이 생겼다. 아파트 앞에서 보면 보이는 거리, 걸어서 10분 안에 갈 수 있는 곳에 삼성전자, 엘지전자, 전자랜드, 씨지브이 영화관, 홈플러스, 맥도날드, 메드프랜드, 결혼식장, 전국 사립의 명문 상산고가 있고. 20분 거리에 전북교육청, 전북도청, 전주대, 비전대, 동암고, 해성고, 영생고, 전주대사대부고 등 살아가는데 불편한 점이 거의 없고 건강을 위해 삼천 천에 도보운동 하기는 최고의 코스다 교통도 김제 정읍 부안에서 오는 차도 아파트 앞에서 쉰다.

삼천에 널린 횟집 도청주변 새로 생긴 음식점, 몇 년 사이에 아파트 값도 많이 올랐다.

조경에서도 시내버스 타는 바로 옆에 은행나무가 죽 심어져 있어 은행잎이 피고 지는 계절의 풍경, 철창 울타리는 붉은 장미로 장식하고 길과 아파트 사이는 편백나무가 있어 좋고 철쭉이 피는 계절은 온통 꽃단지 같다.

남은 인생, 시골 나의 고향 봉동, 새로 이사한 완주군청이 세워진 곳이 아니면 그냥 이 곳에서 마칠까 하는 중이었다.

그 동안 이웃과 정답게, 동 대표 부회장도하며 직장도 가까워 잘 지내며 살았는데 그런데 이번에 처음으로 집(아파트)문제로 머리가 아팠다. 15년 쯤 살고 벽지, 가스배선은 리모델링을 했다. 그런데 8층인 우리집에서 아래층 7층에 방수(누수)가 생기니 수리해 주어야 하겠기에 아파트 관리 사무소에 찾아갔다. 누수공사를 연락해서 수리를 해야 한다고 하여 우리 아파트를 많이 와서 일해 본 곳으로 연락했더니 며칠간 일이 밀려 바로는 어렵다고 했다. 그런데 7층에 사시는 분이 또 올라와서 속히 조치 부탁한다고 했다. 다른 곳에 연락해서 기술자가 첨단 누수 탐지기를 가져와 하루 종일 작업을 했으나 확실히 못 찾고 변기에 문제가 있는 것 같다며 변기를 안방 변기, 거실변기를 교체하라기에 바꿨다. 아래층은 전등을 못 켜고 우리는 수도를 전부 막아 화장실은 물론 싱크대를 사용 못하고 5,6 일을 지냈다, 물통으로 물을 길러다 쓰니 얼마나 힘들겠는가? 화장실은 관리실을 이용했다. 아래층은 티브이나 전화는 사용하는데 전등을 사용 못하고 촛불을 사용하였다.

결국 우리 아파트 일을 많이 해본 업자를 불렀다. 일을 하기 시작하여 4시간 후에 안방에 화장실에 변기 옆에 몇 군데를 헐고 호스를 갈고 다시 타일을 바꿔 끼어 넣어 마치고 남은 물 마르기까지 몇 시간 지난 후에 일을 마치게 되었다. 처음에 한 공사는 두 변기를 갈고 샤워기도 교체하고 수고도 많이 했는데, 특이한 것은 나중에 한 일은 단 4시간 자재도 5만 원 정도나 들었을까 한데 육십 만원 내란다. 기술력이라지만 너무 비싸다 싶었다.

아파트 재건축 기간이 40년에서 30년으로 단축되었다. 위치가 좋으니 이사 가기보다 리모델링하며 살려 하고 재건축은 아직은 요원한 일일 듯 싶다. 아파트가 많으니 관리문제 등 여러 가지 문제가 많이 발생한다. 서로 이해하고 협조하며 이웃끼리 다정하게 살고 싶다.

주식 도사님

새해 맞아 덕담 중에 하는 말로 '금년 부자 되세요'가 있다. 고맙고 싫지 않은 말씀이다. 이 말씀에 맞춰 그랬으면 하는 마음이다. 지금은 황금만능 시대이다. 어디가나 최우선이고 이것 없으면 행세 못하는 세상이다.

그런데 부자 되기가 쉬운 일인가? 세상에서 가장 어려운 일중에 하나이고, 원하는 것 중에 몇 가지 꼽으라면 꼭 드는 것 중에 건강, 출세, 부자를 말하는 건 당연하나 갈수록, 늙을수록 건강과 돈은 빼놓을 수 없다. 누가 이걸 모르겠는가? 엄청나게 큰돈을 가지고 기업을 움직이는 이는 어떨지 모르겠다. 그런 경험도 못했고 상상도 못하기에 모르겠지만 우리 보통사람에게는 너무나 그렇다.

직장에 다닐 때는 할 수 없었고 생각도 못 했지만, 퇴직하고 나서 여유가 있으니 친구들과 어울려 재테크를 심심풀이로 조금씩 관심을 가지게 되었다. 부동산에는 적은 액수로 엄두를 낼 수 없고 주식에 투자해 보았다. 하지 말라는 집안 식구의 말을 안 듣고 시작해서 처음에는 잘 되어 액수를 늘려보기도 했다. 나의 적성에 안 맞은 것 같았다. 성격에 맞아야 재미를 볼 텐데 시도한 대로 되어 주지 않으니 손해만 보기 마련이었다. 그래도 한번 시작한 일을 쉽게 그만 못 두고 계속하기도 했었다.

친구 중에 주식을 아주 직업적으로 하는 잘하는 사람이 있다. 매일 9시에 증권회사에 출근하여 옆에서 점심을 해결하고 오후 3시면 일과를 마친 듯 집으로 오거나 시내에서 일을 본다. 이 친구는 주식에 타고난 재주가 많고 성격도 맞은 것 같았다. 손해는 항상 안 본다고 자랑하고 그게 사실인 것 같다. 주식 투자 철학에 절대 손절매(손해보고 팔지 않는 매매법)를 안 한다고 한다. '나도 친구 따라 강남 간다'고 증권회사에 몇 번 따라가 보았다. 고수인 친구를 따라 종목도 같이 해보고 많이 배워가며 해보았다.

친구의 특징 중 하나가 종목은 하나의 종목에 100% 투자하는 몰빵 투자다. 딴 전문가가 말하기는 3~4종목에 분산 투자하고 몰빵을 하지 말며 손절매도 해야 한다고 하는데 자기의 고집대로 한다고 자랑한다. 몰빵한 한 종목을 계속 주시하며 몇 달이든 기다리고 기다리며 인내하면 기회가 온다고 하는데 내가 직접 그런 경우를 보기도 했다. 투자한 회사에 전화도 해보고 관심을 가지고 계속 연구했다. 작년에는 잘 되어 아들 빚도 갚아주고 손해 본 것도 되찾았다고 했다. 전화를 해보면 심리 상태를 알 수 있다. 몰빵 종목이 오르면 기분이 좋아 즐겁고 친절하게 전화 받고 그렇지 못하면 음성부터 짜증스럽기에 오늘 주식 망쳤구나 하며 얼른 전화 끊어버린다. 잘되는 날은 점심 산다며 나오라고 선심도 베푼다.

몇 억 정도나 되어야 부동산에 투자하지 돈이 적으니 주식 밖에 할 게 없다고 한다. 적은 돈으로 해보아도 쉽게 공돈같이 생겨 돈에 대해 배짱이 커지기도 하겠다 생각됐다. 하루에도 수 십 만원이 생기고 어느 날은 수 십 만원이 나가니 도박이고 끊을 수 없는 중독이라 할 수 있다. 운 좋게 좋은 종목 잘 골라 대박이 터지면 작은 부자가 될 수도 있다. 주식전광판에 수 천 개의 종목이 수시로 값이 오르내리느라고 뻔쩍뻔쩍한다. A라는 종목이 2009년 초에 이만 몇 천원이었는데 지금은 팔 만원 가격으로 오르내리니 눈 딱 감고 사서 이 년만 기다렸다면 네 배로 늘어나서 부자 아닌 부자가 될테니 말이다. 그러나 사실 개미들은 특별한 경우 제외하고는 돈 날리기 일쑤임이 틀림없는 말 같다. 특히나 요즘도 이제 슬슬 6.4지방선거를 앞두고 다시 요동치는 정치 테마주. 작년 대선 테마주를 보면 정말 가관이다.

박근혜 관련주 EG 2011년11월 7일 주당 8만원 지금 2만 200원, 문제인 관련주 우리들 제약 같은 때 3000원 지금(2014,2,26) 402원, 안철수 안랩주, 당시 15만원 지금 5만 7200원이다. 정몽준 관련주, 2014년 1월2일 2000원 지금 5090원이다. 개미들이 이걸 어떻게 알고 언제 사고 팔고 해서 돈 벌겠는가? 노름해서, 주식해서 돈 번사람 별로 없다는 말이 틀린 말이 아니단다. 대한민국에서 부자라는 소리 들으려면 60억 이상은 가져야 한다고 한다. 돈을 사람이 따라 다니면 안 되고 재복이 있어서 돈이 저절로 따라 붙어야 부자가 되겠다고 생각됐다.

아내가 재테크를 나보다 잘 하는 것 같다. 우리는 젊을 때 친구, 친척, 형제간에 금전문제로 상당히 어려움을 겪었다. 금전에 관한 말씀 중에 '친구에게 금전을 꾸어주는 사람은, 벗과 금전 양쪽을 다 잃는다. 형제

사이에도 돈은 남이다. 부자지간에도 돈은 타인이다.'라고 했다. 그리고 또 말한다. 크리스천은 돈에 대해서 세 가지 규칙을 지켜야 한다고 했다. '벌 수 있는 대로 벌어라. 모을 수 있는 대로 모아라. 그리고 줄 수 있는 대로 주어라.'

부자 되는 걸 원하는 사람이 많겠지만 그것도 하나님이 도와야 될 것이고 ' 돈은 모든 악의 근원이 되는 것은 돈 그 자체가 아니라, 돈에 대한 애착 그것이다'라는 말을 잘 새겨야 할 것 같다.

"주식 도사님, 나에게 주식해서 돈 벌게 비법 좀 가르쳐 주십시오."
"내가 그걸 알면 내가 하지 내 아들 증권회사 주식 강사 시키며 고생시키겠나?"

하는 농담이 적격이겠다. 우량주 저가에 사서 적당한 이익 챙기는 게 상책이고 개미는 속히 빠져 나오는 게 상책이것다. 전문가에게 미치겠는가?

알맞게 부족함 없이 편안하고 건강하게 살며 쓰다가 생을 마치는 정도 부를 누리며 사는 삶이, 후회 없겠다 싶다.

행복하십니까? (1)

행복이는 항상 나와 같이 있었으면 하였다. 어느 날은 내 옆에 있다가 그냥 사라지는 것 같기도 했다. 내 손안에 있다가 뺏기기도 하고 그냥 손을 벌리고 있다가 잘못으로 날려 보내기도 한다. 아니 행복이는 나의 마음 깊은 속에 있을 때가 많다. 몇 시간 동안 마음속에 있다가 하늘에 구름이 끼고 해가 구름 속에 감춰지니 또 사라졌다. 천둥이 치고 번개가 치니 아주 사라지듯 다시는 내게 안 올 듯이 사라져 버리기도 했다. 하늘이 맑고 해가 밝아 오니 어느 사이 내 마음속에 포근히 담아져 있었다.

가장 행복을 많이 차지한 사람은 조용한 가슴을 안고 일상의 여느 햇빛을 즐겁게 여기며 나머지는 하느님에게 맡겨 논 사람이라고도 하고, 가장 적게 고통을 입고 있는 사람이라고도 하는데, 행복이 적은 사람은 쾌락을 적게 가진 사람이라고 유명한 사람들이 말한 걸 읽은 기억이다.

그러면 행복이와 가장 많이 지내는 사람은 누구일까? 부자들일까 권력자일까 그러리라 생각은 하지만 모두 다 그렇지만은 않다는 걸 다 안다. 나이 많은 할멈한테 물었다. 행복이 무엇이냐고. "행복이 무어 별

것이당가? 건강하게 살다가 죽는 게 행복이지." 욕심 없는 소박한 대답이다. 자기가 바라는 것이 마음대로 되면 행복한 것 아닌가? 어떤 사람이라도 자기가 하고자 하는 대로 모든 게 다 되는 사람은 세상에 없다.

나의 행복지수는 얼마일까?

괜찮은 것 같다. 고통을 많이 안 받았고 쾌락도 그런대로 많이는 아니 받았기에 그렇다.

바보같이 그랬으니까 거기다 도전 없는 세상살이 이니 돋보이는 인간이 되지 못했음을 안다. 도전과 고통 감수는 성공과 비례함을 보았기에 그렇게 생각 된다. 물론 행복에 사촌 같은 행운도 무시 못 하는 게 아닐 것이다.

친구를 보면 주거지는 전주인데 무주, 장수, 진안, 정읍, 고창 등을 이동 통근하느라 고생하며 근무하는데 나는 30년 넘게 집에서 걸어서 35분, 차로 15분정도 되는 직장에서 편안하게 근무하다가 마쳤다. 아들 둘도 서울에서 국립대학 다녀 학자금 적게 들어 행복했고 아내 직장 다니다 퇴직하여 건강히 잘 지내니 괜찮고 바라는 욕심이 더 있지만 이제 할멈 말씀같이 사는 날까지 건강히 살다가 죽는 게 행복일 것 같다.

평생을 살며 무모하다고 하면 무모한 도전을 못해 본 것이 아쉽다. 도전이 없었기에 시련이 없었다. 너무 안일하게 살았다. 도전이 없는 인생은 뼈아픈 인생의 시련이 없으니 철학이 없는 것 같다. 사업을 하든가 정치를 하든가, 도전이 없었던 것이….

배부른 소리일지 몰라도 40대에 도전할 기회가 있었는데 용기가 부족한 것임에 틀림없다.

도전과 시련을 하는 때는 고통이 있고 불행하겠지만 진정한 행복감은 도전 후에 오는 행복감이 더 클 것이기에 하는 생각이다.

유엔이 조사한 세계 150개국 국민행복지수 순위는 1위 덴마크 노르웨이 핀란드 네덜란드 순이고 미국 11위, 일본 44위, 중국 112위, 하위는 아프리카 나라이고 우리나라는 56위로 나타났다. 조사 기관에 따라 다양하지만 시사 하는 바가 크다. 힘이 세고 부강한 나라가 행복한 건 아님을 볼 수 있다.

대한민국 경제 대통령이라 할 수 있는 다 아는 회장님께서도 요사이 형제간 재산 문제로 행복하지 못한 걸 보니 아무리 돈이 많아도 행복에는 왕도가 없다는 걸 보여 주고 있다.

요사이 인기리에 방영되는 연속극에서 500년 전으로 거슬러 올라가 모든 권력을 거머쥔 왕이지만 눈물을 흘리고 잠을 못 이루는 날이 하루 이틀이 아님을 본다.

재력 권력이 행복의 중심에 있긴 있다. 못 벌어서, 못 잡아서 행복이 사라지긴 사라진다. 너무 많이 쌓아져서, 너무 큰 권력을 쥐어서 행복이 사라진다. 평범한 사람이 어찌 보면 행복하다고 할 수 있다. 그럴 줄 왜 모르겠는가?

그냥 자기가 좋아하는 것을 알맞게 하며 사는 게 행복지수를 높이는 비결 같다.

행복과 불행 누가 힘이 셀까? 불행이 힘이 센 요사이 세상이다.

행복하십니까? (2)

고대 그리스 지중해에 리디아의 왕, 크로이 소스는 주변국들을 정복하고 지중해의 강자로 군림 했다. 아테네의 현자賢者, 솔론을 우연히 만나 크로이 소스는 호화로운 궁전에 초대하여 맛있는 음식으로 대접하며 왕은 자기를 과시하면서

"지금까지 만난 사람 중에서 누가 가장 행복한 사람인 것 같소?"

하고 물었다. 왕은 당연히 솔론의 입에서 자신의 이름이 불려 지기를 고대했으나 첫째도, 둘째도 아니라고 했다. 아테네의 어진 시민으로서 훌륭한 자손들을 남기고 나라를 위해 전사한 인물과, 가정에 행복을 주고 효성이 지극한 사람들을 거명했다. 왕은 화를 버럭 내며

"왕을 서민에게도 미치지 못하는 인간으로 보고, 내가 누리고 있는 행복은 아무런 가치가 없느냐?"고 책망했다.

솔론이 조용히 미소를 지으며 말했다.

"왕께서 막대한 부를 소유하고 있으며 수많은 백성을 다스리고 있다는 것을 잘 압니다. 그러나 왕께서 훌륭하게 생애를 마쳤다는 것을 알 때까지. 누구든지 죽기 전까지는 행복한 사람이라고 말할 수 없습니다. 훌륭한 죽음을 맞이할 수 있는 사람만이 진정 행복한 사람이기 때문입

니다. 인간은 살아있는 한 누구도 행복할 수 없습니다." 라고 하며 말했다. 나중에 리디아의 왕 크로이 소스는 페르시아의 포로가 되어 화형 당했다.

인간은 살아 있는 한 그 누구도 행복할 수 없다고. 참 행복이란 죽음 뒤에 얻어지는 것이라고. 현자들의 가르침은 우리를 가르치고 가르침의 절반은 제대로 죽으라는 것이다.

행복이란 무엇일까?

넓은 집과 안락한 생활, 굳이 땀 흘려 일하지 않아도 먹고 살 만큼의 재산, 현명하고 능력 있는 자식들, 아니 사랑하는 사람과 함께 하는 것, 내 안에서 평화와 만족을 찾는 것, 무지개 끝에 있는 보물 상자를 발견하는 것, 내가 될 수 있는 최고가 되는 것, 남들이 하는 만큼만 되면 욕심 안 부리겠다지만 그런 바람과 생각은 끝나지 않은 진행형이기 때문에 만족하는 행복은 계속 사라지고 힘센 불행만이 존재하고 거기에서 벗어날 수 없는 것 같다. 어지간히만 이루어지면 만족해하고 그만이라 할 지 모르지만 욕망이 멈추지 않는 한 우리 인간은 영원히 불행하고 말 것이라고 생각된다.

"더 이상 원할 것이 없으면 모든 것이 두려워진다. 이 얼마나 불행한 행운인가? 소망이 그치는 곳에서 바로 두려움이 시작된다."고 쇼펜하우어는 우리를 일깨운다.

당신은 행복합니까를 생각하며 옛날 그리스의 철학자인 너무나 유명한 디오게네스의 고전을 떠올려 본다.

디오게네스와 알렉산드로스 대왕은 동시대에 살았다. 알렉산드로스는 그리스를 정복하고 동방원정을 계획하며 명성이 자자했다. 유명한 철학자들이 대왕 앞에 나타나 조언하고 갔으나 디오게네스는 찾아오지 않으니 대왕이 찾아갔다. 냇가에서 웃옷을 벗고 한가하게 소일 하는 가난한 철학자를 보며 오히려 자기는 내일 다시 전쟁터에 나가야 하는 자신보다 더 행복해 보이긴 했으나 도움을 주기위해 대왕은 디오게네스에게 물었다.

"그대가 원하는 것이 무엇인가?"

당대 최고의 권력자를 인상 쓰며 쳐다보면서 대답했다.

"조금만 비켜 주시오. 당신이 햇살을 가로 막고 있소."

했다. 기가 막힌 대왕이 웃으면서 디오게네스에게 말하길

"내가 만약 다시 태어나면 당신처럼 살고 싶소."

하니 디오게네스는

"난 다시 태어나면 대왕처럼 살기 싫소."

라고 말했다고 전한다.

명심보감에 '천칸이나 되는 큰 집이라도 잠을 자는 자리는 여덟 자 뿐이고 좋은 밭이 만 이랑이나 되어도 하루에 먹는 것은 곡식 두 되뿐이다.' 했다.

"삶의 목표는 행복에 있다. 종교를 믿든 안 믿든, 또는 어떤 종교를 믿든, 우리 모두는 언제나 더 나은 삶을 추구하고 있다. 따라서 우리의

삶은 근본적으로 행복을 향해 나아가고 있는 것이다. 그 행복은 각자의 마음 안에 있다는 것이 변함없는 믿음이다." 달라이 라마의 말을 음미해 보며 행복을 생각해 보았다.

건강검진 (2)

친구 중에 건강이라면 남부러워 할 정도로 유지하며 지내던 자가 어느 날 건강검진을 할 기회가 있어 겸사해서 여러 가지를 검사했는데 위암 3기라고 해서 위를 거의 다 잘라 냈다는 소식을 듣고 깜짝 놀랐다. 또 평소에 건강하다고 자신 만만하던 사람도 갑자기 병원에 입원 했다는 소리를 듣기에 건강검진을 평소에 유념해서 좀 이상하다면 건강검진 센터를 찾자고 스스로 다짐하고 있었다. 국가에서 2년에 한번 씩 하는 것은 물론 수시로 하는 게 올바른 태도이리라 생각했다.

나이가 들면서 2년에 한번씩 하고 중간에 할 때에 몇 번해도 아무런 이상이 없다고 했을 때는 건강해서 좋지만 비용도 들고 시간도 빼앗기기에 어떤 때는 괜한 수고 아닌가 할 때도 있었다. 건강하기에 굳게 믿고 있다가 검사 후 깜짝 놀랄 경우를 보는 이웃을 보고, 어떻게 그렇게 무심하게 모르게 살 수 있을까 의심하며 조물주를 원망도 해보았다. 징후를 미리 알려 주어 치료하게 하면 좋을 텐데 말이다. 어떤 때는 내가 암에 안 걸렸나 하고 괜히 생각하며 또 검사를 받아야 하는데 게으름을 피우는 게 아닌가. 계속 생각 할 때도 있었다.

사전에 알아서 수술하고 대비하면 적은 돈으로 쉽게 할 수 있는데 중

태에 빠질 때에서야 서울로 가고 수술하고 할 때는 얼마나 고생할까? 당해 본 경험은 다행이 없지만 언제 당할 지는 장담할 수 없는 인생 아닌가?

이런 일을 안 당하려면 6개월, 아니 1년, 2년에 한 번씩 건강 검진을 받아야 내 몸에 병이 없으니 안심하고 살며 생활할 것 아닌가. 건강 검진에 대한 노이로제에 걸려 사는 느낌이 들 때도 있다. 사람마다 병 안 걸리고 살다가 구구 팔팔 이삼 사 하기를 원하며 건강을 위해서 많은 노력을 한다.

어느 의사 이야기 이다. 이 의사는 하나님으로부터 남다른 은사를 받아서인지 명의로 소문이 나 있었습니다. 그저 진찰만 해도 어디가 아픈지 알아냈고 처방도 잘해서 많은 환자들이 나았습니다. 그래서 마을 사람들은 몸이 아프면 이 의사를 찾아가서 치료를 받곤 했답니다. 그런데 이분이 나이 많아 세상을 떠나게 됐습니다. 임종을 맞이하여 유언처럼 이런 말을 했답니다.

"나보다 훨씬 훌륭한 의사 세분을 소개하겠습니다. 바로 첫째 소식, 둘째 수면 그리고 셋째 운동입니다. 음식은 위의 75%만 채우고 절대 과식하지 마십시오. 잠을 충분히 주무십시오. 그리고 열심히 걸으십시오. 그러면 웬만한 병은 다 나을 수 있습니다." 그리고 이어서 세 가지 약을 소개한다고 합니다. 사람들은 더욱 귀를 쫑긋해서 그 말에 귀를 기울였습니다.

"말씀, 기도, 사랑입니다. 말씀 약은 매일 일정한 시간에 평생 꾸준히 복용하시고 기도 약은 부작용이 없는 악이라 많이 복용 할수록 좋습니다. 그리고 사랑 약은 상비약입니다. 늘 준비했다가 수시로 복용 하십시오.” 그리고 마지막으로 덧붙였습니다.

“육체의 건강은 반쪽 건강입니다. 영혼이 건강하면 육체의 건강은 따라 옵니다. 먼저 영혼이 건강하고 그리고 육체도 건강하시기 바랍니다. 라고 했답니다. 이렇게 하면 건강 검진 안 받아도 될란 지, 아니 그러지 않겠지.

사람이 사람답게 사는 것을 웰-빙well-being, 사람이 사람답게 늙는 것을 웰 에이징well-aging 그리고 사람이 사람답게 죽은 것을 웰 다이잉 well-dying 이라고 칭한다. 우리 사람이 아름답게 살다가, 아름답게 늙다가, 아름답게 죽는다는 것은 여간 어려운 일이 아니다. 사람답게, 아름답게. 병 안 걸리고 건강하게 살아야 이렇게 될게 아닌가? 생로병사生老病死가 아니라 생로사가 되게 하려고 무척 힘쓴다. 위의 의사 이야기가 딱 맞는 사람도 있고 그렇지 않고 다른 생로사도 있을 것이다. 각자의 체질에 맞는 건강법을 찾아 보아볼 것이다. 나도 지금까지 내 몸을 너무 혹사 시켜 미안했다고 할까? 몸을 위해 봉사하고 건강을 위해 관심을 가져야 할 것이다.

제4부

단 10분 (1)

세상을 살아가는데 별일이 다 많다.

그런 중에 시간에 쫓기어 짧은 시간 때문에 큰일을 당하는 일이 한두 번이 아님을 세상 사람들은 경험했으리라 생각된다.

오늘도 서울 남부 시외버스 터미널에서 전주대(승용차 전주대 주차)로 오는데 3시간 후로 예약하고 친구들과 점심을 먹으며 술까지 마시느라 시간을 계산해서 나오긴 했는데 지체해서 10분 늦어 차를 놓치고 1시간 반을 기다려야 했다. 짐이 많아서 들고 다녀야하기에 어쩔 수 없이 기다리려니, 답답했다.

친구들과 오랜만에 만나 점심 겸 술 한잔 했다. 나이가 들다보니 이제는 술 잘 먹는 친구도 꼭 석 잔만 마셔야겠단다. 그 친구 옛날 전주와 서울에 근무하며 그 영역에서는 잘 나가는 친구며 나와는 동창이기도 하지만 우연히 같은 지역에 살다 보니 친해져 만남도 잦아지고 술을 좋아하다 보니 실수도 많았다. 전북 언론계에 있다가 광주를 거쳐 서울 본부에 근무하게 되어 만나서 너무 반가운 기분에 너무 과해 집에 어떻게 왔는지 모르며 서울에서 전주 효자동을 가자고 하니 서울 효자동을 갔으니 어찌 하겠는가? 그 친구가 이제는 절주하고 나이 찼으니 점잖아

져서 술 석 잔 이외에는 절대로 사절이다. 내가 한번 결심과 다짐을 시험해 보려고 유혹을 했지만 먹혀지질 않아 실패하고 그런 일에 결심만 하고 실천을 못하는 내가 대리로 마셨다. 그러다 보니 5명이 마신 것이 겨우 소주 3병과 콜라 2병인데 그게 끝이었다. 젊을 때 같으면 이건 혼자 양인데 나눠 먹었는데 나에게는 취했다. 참 이건 약과다. 5명이 소주 3병이니 이건 기본이다 생각되는데 금주 결심 친구, 술 약한 친구, 아파서 못 먹는 친구, 아직도 근무 중이어서 조심하는 친구 그리고 나인데 내가 혼자 취했다. 나이 드니 약해져서 술도 무척 약해진 것이다. 택시를 탔는데도 몇 발 차이로 늦었다. 차 뒤꽁무니를 보며, 보내고 한 시간 반을 기다려야 했다. 나는 생각했다. 그 모임에서 양해 구하고 10분만 먼저 나왔어도 오래 시간 기다리지 않아도 됐다고.

하기야 나는 기다리는데 그렇게 신경질적으로 화를 내거나 스트레스를 받지는 않는다.

책 읽기, 신문 읽기를 좋아하다 보니 집에서도 보통 하루에 평균 2,3시간 할애하며 지내기에 어디를 가다가 차를 기다리거나 모임에 2,3십분 일찍 나가 기다리는 게 좋겠다는 생각에 나갈 때는 읽을거리인 신문 사설, 칼럼을 못 읽은 것을 한두 장 접고 접어 주머니에 넣고 다니며 시간이 남고 기다리겠다 생각되면 그때 읽는 습관 버릇이 있다. 기다리는 지루함을 즐거운 마음으로 편안히 보낸다고 할 수 있다. 준비가 안 되었으면 기다리는 장소에서 요청해서 신문(지방지)을 달라고 해서 읽으니 편하다. 그런데 오늘같이 10분 전후해서 늦어 1시간 이상을 기다린다면 괜히 짜증나고 스트레스가 느껴진다. 별일 아니고 차후에도 급한 일이 없으면 그래도 그냥 참겠지만.

얼마 전에 영국에 갔을 때는 환장하겠다는 말이 절로 나왔다. '환장 하겠다'라는 말이 무슨 뜻일까. '정신이 뒤바뀌고 혼돈되어 제정신이 아니다'는 설명이다. 영국 류톤 공항에서 오후 5시 전후해서 영국에서 빌린 렌터카를 반납하고 프랑스 행 비행기를 타려고 반납할 렌터카 장소를 찾으려고 한 시간 가량을 헤매었다. 마음은 급하고 찾으려는 차고는 못 찾고 왔다갔다 헤매다가 프랑스로 가는 비행기 시간을 못 맞추고 말았다. 아마 10분 전후였다. 미치고 환장 했다. 급한 마음에 차를 운전하는 기사(아들)가 정신이 없었다. 옆에 앉은 나는 비행기 놓쳐도 괜찮다고 충고하다가 화를 크게 내며 소리치고 또 쳤다. 한 시간 이상을 헤매다가 결국 시간이 지나 찾아 반납하고 비행장에 왔을 때는 비행기는 떠난 후였다. 길지도 않은 단 몇 분이었다. 어쩌겠는가? 할인되는 항공이기에 환불도 안 되니 또한 거기다 더 화가 났다.공항에서 발걸음을 돌려 런던 시내로 되돌아와서 프랑스에 예약한 곳에 비행기를 놓쳤다고 연락하고 예약 없고 좋지 않은 여관도 아닌 여관에서 하루 저녁을 보냈다. 단 몇 분 때문에 50만 원 정도를 잃고 말았다.

그런 곳에다 런던에서 묵는 몇 일간은 왜 그렇게도 5월 하순인데 (예년에는 봄 날씨)춥고, 비는 계속 오는가?

오늘 서울 왔다가 전주 가는 길도 그랬다.10분만 빨리 왔으면 1시간 30분을 벌었을 텐데 기다리고 기다렸다.(패키지 여행하면 이런 고생 안 할 텐데 장기 여행이기에)

세상이 참 편하고 발달했다 하지만 그 만큼 적응하는데 불편도 따르고 복잡하고 그렇다. 단 10여 분 때문에 안타깝게 중요한 일 놓치고 고비가 생기는 일이 한두 번이 아니다. 단 10분이 아니고 단 몇 초사이로 어려운 일 수습할 수 없는 일이 많다.

세상을 사는데 이런 일을 잘 지혜롭게 대체할 수 있어야 할 텐데 나이를 원망해 본다.

단 10분 (2)

십 분이라는 시간은 참 별것 아니다. 퇴직한 십여 년이 금방 지나갔고 1년이 그렇고 100시간, 10시간이 훌쩍 빨리 가는지 모르겠는데 한 시간, 십분은 이에 비하면 시간도 아니다. 얼마 전이다. 아내와 같이 서울 아들 집에 가려고 하루 전에 고속 버스표를 사다 놓았다. 명절 직전이니 그랬다. 서울 가는 당일 오전에 고향 근처(화산)에서 소싸움대회 결승이 있는 날이다. 갈까 말까 망설이다 친구한테 전화가 와서 갔다. 전날에도 갔기에 가고는 싶었지만, 가면 서울 가는 시간에 늦을까 염려되었다. 시상식 및 경품타기 행사까지 모두 마치고 오다가 또 한우고기 집 들른 것이 화근이었다.

집에 들러 준비하고 오면 충분히 시간 예상해서 가는데 명절 전전날이라 길이 막히었다. 시간이 오후 6시 20분 차 인데, 5시 30분부터 정차되기 시작했다. 정차 안 되면 20분이면 되는 거리인데 40분을 잡아오는데 차가 밀리는 데는 아무 소용없는 예상이었다. 전주역에서 전주대까지 가는 길인데 차가 길게 늘어져 앞이 안 보이었다.

아내한테 저녁 식사도 못하고 옷도 못 갈아입고 가겠다고 꼭 필요한 노트북만 가방에 넣어 가지고 오라니 미리 준비 넉넉히 못했다고 한마디한다. 6시 20분 차인데 10분 남았다. 집에 차를 놓고 가야하는데 그냥 전주대(전주대에서 서울 가는 고속버스 있음)까지 타고 갔다. 아무리 해도 차를 안전한 곳에 주차하고 간다고 해도 도저히 시간을 맞춰 갈 수 없다. 내 주머니에 버스표 두 장이 들어 있으니 아내 혼자 갈 수는 없다. 다음 차 시간을 전화로 바꿀 수 없냐고 물었으나 확인도 불가능하다. 방법이 없었다. 명절 전이라 그 다음 날도 불가능할 게 뻔하다. 땀을 흘리며 차타는 지점에 거의 도착해서 멀리 보니 차가 아직 보이지 않았다. 시간이 다 되었다. 기뻤다. 아내랑 딴 고객들이 기다리는 모습이 보였다. 출발시간은 이미 지났다. 휴 하고 한 숨을 내리쉬고 안전한 곳에 주차하고 다시 시계를 보고 화장실에 다녀오니 그때까지도 차가 오지 않았다. 배차된 버스도 도로가 밀려 15분이 지나 도착했다. 나는 겨우 급한 용무를 마치고 20분이 지나 버스 좌석에 앉았다. 휴 -우 한숨 쉬며 안도의 시간을 맞이했다. 서울 가는 동안 긴장되었다 안정되니 잠이 와서, 어떻게 간지 모르게 서울에 도착했다.

매달 또는 가끔 만나는 친구, 동창, 동료, 지인을 보면 교원 공무원 출신이 시간을 비교적 잘 지킨다. 선생님들이야 수업시간 10분 늦으면 큰일이다. 그러니 공무원 출신 중에 교원 출신은 시간 지키기가 제일 중요하다. 대중 앞에서 강의하고 가르치는 업무이다. 수백 명이 기다리고 아니 더 적은 숫자가 기다려도 그렇다. 만나는 사람이 교사 출신이 많지만 그 중에 대체로 시간을 잘 지키지만 꼭 10여 분쯤 늦게 오는 친구가 있다. 일찍 오는 버릇이 있는 친구, 늦게 오는 버릇이 있는 친구,

이건 습관적이다. 한두 번이야 누구나 늦을 수 있다. 뚝심대장이라는 별명을 가진 천호식품 사장은 약속시간 15분 전을 지키는 사람이 출세의 비결이라고 말했다. 약속장소에 15분 일찍 나와 기다리는 버릇은 인생 살아가는데 성공하는 좋은 버릇이라고 말한 것이 기억된다.

종중에서 일을 하는데 나이 많으신 어른들이 점심 전후 시간에 맞춰 11시로 시간을 정하였더니 10시 전에 와서 기다리며 11시는 늦다고 하시는 말씀을 들었다. 할 일이 없으니 그렇겠지만 너무 일찍 오셔 기다리지 않나 생각되기도 했다.

나는 일찍 출발해서 나가며 읽을거리를 들고 다니기도 한다. 15분 일찍 나가 기다리는 버릇이 못 되어 세상에 나지 못했지 않나 생각도 해본다. 나이 들어가는 사람들이 미리미리 시간을 잘 지키고 청·장년들이 바쁘니까 그런지 늦을 경우가 많다.

츄리닝을 입고 집안에 있으나, 외출복을 입고 밖에 있으며 책을 보고 미리 나가 늦지 않게 기다리며 시간을 때우고 보내자는 심산으로 하려고 하고 있다. 백수의 입장이니 그렇다.

시간이 많은데 시간이 너무 빨리 지나가고 세월이 허무하니 시계를 보며 나눠서 생활할까도 해 보려 했다.

예를 들어 도보 산보를 하다가 운동기구가 있으면 지금부터 30분간 꼭 이 운동을 멈추지 말고 꼭 계속하자고 스스로 약속하며 시간을 꼭 채우고 마친다. 책을 읽기 시작했으면 3시간 꼭 채운다. 어느 책을 골라 보는데 읽기가 싫은데 그래도 읽어야 한다고 할 때 이 책을 손에 들고 1시간 동안 읽든지 그냥 책장을 넘기며 차례나, 좋아하는 내용만이라도 골라 보며 1시간을 채우자는 것이다.

시간 지키는 것은 좋은 습관이고 버릇인데 오늘도 모임에 늦지 않으려고 부지런히 서둘러서 일찍 가야 한다고 다짐하며 가고 있다.

이렇게 다짐하고 잘 지키자고 하지만 주위 환경이 방해하고 도와주지 않으면 소용없는 일이다. 그래도 15분 일찍 가서 기다리도록 노력해야겠다.

명품 친구

누구는 말하더라구요. '너 친구, 아니 진정한 친구 몇이나 있느냐'고 글쎄, 몇이나 있을까?

성격이 헤퍼서 친구가 좀 있다고 할 수 있다. 나이가 들었지만 만나는 친구는 많다고 해야 할 것 같다. 글쎄 친구라는 게 나이가 비슷하고 취미가 같고 마음이 맞아서 같이 오래 만나도 즐겁고 다시 만나고 싶고 한 것이 친구 아닌가? 그런 친구라면 나이 먹어가며 보니 학교 동창이 그래도 많은 것 같다. 그냥 비슷한 나이로 사회에서 혹은 직장동료로서 만나, 마음이 통하고 취미, 성격, 생각이 맞아 오래 친구가 되기도 한다.

그런데 이 친구는 물론 학교 동창이고 더욱 이렇게 가깝게 된 것은 가까운 거리의 동네에 살아 쉽게 만날 수 있고 술 마시고 이야기 하고 등산하고 취미 활동 같이 할 수 있다는 점이 좋은 친구로 허물없는 친구가 된 것이다. 학교 다닐 때는 그렇게 친한 것은 아니었는데 졸업하고 30년인가 지나서 자주 만나자고 해서 만나고 또 가까우니 그렇다.

이제 모두 백수가 되고 그 친구나 나나 시간이 많이 있기 마련이니, 시간이 나고 한가하면 생각나서 전화해서 만난다. 어떤 친구는 전화하면 몸이 아픈지 아니면 집안에 무슨 일이 있는지 전화도 반갑지 않게 힘들게 받는다. 그러니 다시 전화하고 다정한 마음이 나겠는가? 그런데 이 친구는 전화하면 어찌나 그렇게 다정하게 전화 오기를 기다렸다는 듯이 다정하게 받는다. 내가 전화하면 할 일이 거의 없는 것 같다. 언제든지 거의 만나잔다. 그러니 싫을 수가 있겠나?

이 친구 장점을 나열하면 끝이 없다고 해야 할까?

내가 좋아하는 술을 같이 좋아한다. 이게 옆에 사는 것 못지않게 반갑고 즐겁고 자주 만나고 싶은 간절한 마음이 동하게 하는 이유다. 인물도 좋고 남자, 여자 모두들한테 인기가 좋다. 사람에 따라서는 생각이 달라서 어쩐다고 할지 몰라도 나에게는 매우 좋았다. 나에게 맞는 안경이니 그런가 싶다는 격이다.

술 한잔하면 노래는 일류다. 가수 등단은 안 했지만 테이프도 만들어서 내가 책을 출판하듯이 이 친구 CD도 냈으니까. 관광차를 타고 놀러가면 마이크를 잡고 노래 10여 곡 정도는 계속 박수를 받으며 관광버스 속을 황홀경에 젖게 하고도 남는다. 그렇게 즐겁게 하니 술, 밥을 안 사도 될 것 같기도 한 것 같다.

만나자고 전화를 한다. '친구야 오늘 심심한데 좀 좋은 일 없나 내 집에 마누라 없는 토요일, 일요일인데 어서 놀러오라'고 청한다. 친구의 아내는 독실한 교인이시다. 여자 담임목사인 교회에 다니는데 토요일, 일요일이면 교회에서 거의 생활하신다. 그러니 그때 나를 종종 부른다.

이 친구는 집안일을 즐겨 하여 아내를 잘 도와주고 있다. 그러니 아내가 싫어 할 이유가 없겠다 싶었는데 나에게 말 못할 죄를 졌기에 그걸 용서받기 위해 집안 일 잘하는지 진정 좋아서 하는지는 모르겠다. 음식 솜씨도 좋아 등산 갈 때면 술안주며 반찬을 맛있게 준비해온다. 검소하고 소탈하다.

이야기도 재미있게 잘한다. 말담이 좋다. 둘이 만나면 의기투합한 사이같이 재미있게 토론하듯 몇 시간을 같이 마시며 즐겁게 정치, 경제, 사회, 운동, 취미 등을 숨김없이 나눈다.

비밀이야 전연 없겠느냐만 하여간 그렇게 느껴진다.

인생을 즐겁게 사는 친구다. 직장에 있을 때 휴가를 얻으면 거의 여행을 다녀 오지인 아프리카를 제외하고 거의 세계를 두루 돌아 다녔다고 자랑한다. 60여 개국을 돌아 다녔으니 이제는 더 다니는게 기다려지지 않는다고 한다. 사람마다 세상을 사는 방식이 다 다르다. 그러다 보니 승진에는 관심이 없었는가 보다. 관심가지고 노력했으면 대단했을 텐데. 명문학교에 머리도 좋은데. 인생을 즐기며 참 멋지게 살아가고 있다. 명예가 인생 전부는 아니다.

요사이는 또 집안 자랑이 요란하다. 사촌 여동생이 당 대변인을 하다가 지금 장관이 되고 그 남편은 대한민국을 흔드는 로펌 실력자라며 자기 아들이 덕분에 덕을 보아 가문에 영광으로 지금은 대단한 직장에 취직되어 잘 산다고 자랑이다.

요즘 오랜만에 집 방문할 기회가 되어 친구 집에 들렀더니 집안 자기 방에 오디오 시설이 보통이 아니었다. 각종 CD,테이프가 가득했다. 어느 사이 여행 다니고 산행하고 술 마시고 영화보고 음악 즐길까 그런 일에 특별히 재주가 대단하다 느꼈다.

거기다가 손자 손녀 보기는 일등이다. 나도 몇 번 보았는데 아주 귀엽고 영리하고 정말 예쁘게 생겼다. 내가 잠깐 보아도 예뻐서 사랑하고 같이 생활할 만하여 보였다. 아예 손자・손녀와 같이 생활하며 며칠간 못 보면, 보고 싶어 아예 같이 사는가 싶었다.

그런데 딴 친구를 만났다. 말하는 이 친구를 또 잘 아는 친구인데 생각이 달랐다. 나는 이렇게 좋아서 만나고 술 마기고 산에 가고 세상을 논하고 좋아하는데 만난 친구는 내 생각과 확연히 달랐다. 친구라는 게 잘 지내다 자기에게 잘못하고 섭섭하게 하고 오해하고 그러다 보면 친구가 원수가 되기도 하는 걸 세상 살다보니 알 것 같다.

이 친구 이렇게 장점이 많고 좋지만 못하는 것도 있는 것 같다. 자동차 운전을 아내에게 핸들을 맡기고 운전을 안 한다. 거기다가 컴퓨터는 컴맹에 가깝다고 솔직히 털어 놓는데 공과계통이고 그런데 컴퓨터와 운전에 능숙함을 발휘 못하는 걸 보니 알다가도 모를 재주들이다.

노래, 등산, 요리 잘하고 말담 좋고, 가정 일 열심히 그리고 해박하고 손자, 손녀 극진히 사랑하여 자식들의 대우를 받고 이만하면 괜찮은 친구인 것 같다. 거기다가 옛날에 잘 하던 운전도, 전공과목인 기술도 다 잘 한다면 질투가 나서 미워 할란가?

이 친구 집 안방 벽에는 인생을 반성하며 살자는 현실적인 명구는 나에게도 귀감이 되었다.

좋으면 하는 짓 모두가 예뻐 보이고 싫으면 모두가 미워만 보이고 그렇게 생각 되는 게 인간의 속성인가 싶다. 친구를 칭찬하고 나니 마음이 기쁘고 후련하다.

바쁜 세상

왜 하필 이 시간이었나? 월요일 12시에 만나자니 도착지까지 4시간쯤 걸리니까 08시에 집에서 나가야 시간이 맞는다. 아침 식사를 일찍 마치고 서둘러 집을 나서 여의도 전철역에 닿은 전후였다. 콩나물 시내버스는 지방에서 어릴 때 경험했다. 승용차가 없을 때 그러나 그 후 오토바이, 80년대 승용차 타기 이후는 기억도 없고 경험도 없다. 그런데 오늘 아침에 전철역에서 다시 경험했다. 이 시간이 지금 막 출근 시간이다. 타는 곳에 기다리는 사람이 쭉 열 지어 7・8명 씩 꽉 찼다. 이 노선(9호선)은 급행열차와 일반열차가 운행되는 곳이다. 어렵사리 타고 가방까지 들고 가는데 몸을 어떻게 할 수 없었다. 대부분 출근하는 젊은이들이다. 나 같은 무직자나 나이 좀 든 자는 전연 안 보였다. 올라타는 데도 그렇고 내리는 데도 힘들다. 시간을 맞추기 위해 일반열차를 탔다가 급행으로 탔다가 교환하자니 더욱 힘들다. 후회했다. 짐짝같이 숨도 제대로 못 쉬며 아예 눈을 감아 버렸다. 1시간만 늦춰 점심시간인 오후 1시에 만나자고 할 걸, 왜 이렇게 힘든 시간에 차를 타게 약속 했냐고.

전철을 타고 내려 출근 시간에 맞춰 늦지 않기 위해 내리자마자 사람들이 뛰었다. 나도 시간에 맞추기 위해 될 수 있으면 빨리 터미널까지는 뛰어야 했다.

뛰는 젊은이를 보니 저렇게 뛰어가는 사람들은 그래도 괜찮겠다는 생각이 한편 들었다. 40대 초반인 우리 애들도 한 놈은 요사이 쉬고 있다. 프리랜스인데 요새 일이 없어 부르지 않는단다. 대기업에서 2년, 2년 반, 6개월 등 일을 하더니 일이 없는지 안 부른다고 부를 동안 해외여행 겸 일자리를 알아본다고 나가 1개월 넘게 오지 않는다. 그래도 덜 고민인데 취직이 안 되어 이 바쁜 시간에 취직이 안 되어 도서관에서 공부 몇 년, 대학 졸업 연기하는 젊은이가 많은 걸 생각하니 지금 저렇게 뛰며 바쁘게 출근하는 사람들은 행복하겠다 싶었다.

어느 날 기사에 2만 명의 직원이 하던 일을 로버트를 도입하니 100명이 해치운다니 뛰는 사람들은 힘들어도 좋게 보이는 사람들이었다. 콩나물같이 힘든 지하철이지만 얼굴들은 희망찬 모습같이 나는 느껴졌다.

직장 출근시간 맞추기 위해 이 시간에 바쁘게 뛰는 사람이 있는데 우리 같은 그렇게 서두를 필요 없는 사람들도 한번 만나자면 쉽게 만나지지 않는다. 네 사람이 만나는 모임도 시간과 날짜 맞추기가 어려워, 몇 번 문자 보내고 통화해서 겨우 만나는 경우도 있다. 왜 이렇게 들 바쁜가? 옛날에 교통편이 그렇게 불편하고 집 전화뿐이고 만나자고 편지로 연락할 때도 그렇지 않았는데. 왜 바쁘다고 또 왜 시간 없다고 할까? 백수가 과로사 한다는 말도 있다. 나도 정기적으로 무얼 좀 해보다가 바쁘다는 핑계로 그만 두었다. 아니 핑계가 아니라 바빴다. 아내는 무슨 모임이 그렇게 많고 그렇게 바쁘냐고 이제 좀 정리하라고 한다. 나도 그렇게 생각했다.

왜 바쁘게 살고 시간이 없다고 할까?

친구한테 이런 일 저런 일 좀 해보라고 권했다. 친구 답변이 안 하겠다는 것이다. 편하게 한가하게 살겠다는 것이다. 무어 돈 생기는 것도 아닌데 하느냐? 봉사도 그렇고 취미 활동도 그렇단다. 욕심이 많아서 직장 생활하며 시간이 없어서 못해 본 것 이것저것 해보자니 그런 것 같다. 무료로, 아니 큰 돈 안 들고도 할 수 있고 해보려는 것들이 요즘 우리 환경에 참 많다.

이것도 하고 저것도 하고 스케줄이 꽉 찼다. 좋아하는 친구도 많아서 부르고 불러주어 바쁘기도 할 것이다. 아니 이렇게 바쁘게 만나고 참석하고 거들고 하며 살아야 건강하고 오래 살지 집에만 있고 조용히 살면 좋겠느냐는 의견도 있다. 너무 설치고 이것저것 관여하고 하다보면 제대로 꼭해야 할 일도 못하는 우를 범할 수도 있기는 있겠고 시간이 많아야 많이 생각하고 좋은 생각도 정리해서 재촉하는 글도 쓰지 않겠냐는 반성도 해본다.

바쁘게 서두르는 것도 성격 탓도 있지만 양보하고 남을 배려하는 마음에서 타인의 조건에 맞추다보니 매사에 바쁘다고 허둥대는 경우도 있을 것 같다. 여유 있게 넉넉하게 약속하고 계획하면 바쁘게 실수할 수 있는 경우를 줄일 수도 있을 것이다. 약속을 지키기 위해 미리미리 준비하는 태도는 바쁨을 대비하는 좋은 생활 태도일 것이라 본다.

지구 종말이 온다고? (1)

오늘 태풍 14호 볼라벤이 몰려온다고 기상예보다.

학교들도 휴교하고 방송에서도, 핸드폰, 스마트폰 문자에도 주의 경계하라고 예보한다.

90세 가까운 누님과 점심을 먹자고 며칠 전에 약속했는데 시간되어 전화하니 "야! 태풍에 날라갈 것 같다. 나 못 가겠다. 가다가 넘어질 것 같다." 하신다. 내가 차를 가지고 안전히 모실 테니 염려 마시래도 싫으시단다. 누님 말씀이 맞을 것 같다. 집에 계신단다. 밥 한 끼 먹자고 시내 돌아다니시다가 넘어지시면 어쩌겠나? 나도 강요하고 싶지 않았다. 말씀대로 안 오신다는 걸 억지로 끌고 나와 세게 부는 바람에 넘어지셔 다치기나 하면 어쩌겠나? 그러시라고 하며 예약한 식당에 다음으로 미룬다고 취소했다. 차를 가지고 거의 누님 사시는 곳까지 갔는데 그래도 안 나오신다니 그냥 전화하고 뒤돌아 왔다.

오면서 보니 길바닥에 가로수가 넘어지고 찢어지고 잎들이 마구 떨어지고 널려서 길바닥이 푸른 잎들이 널려 있고, 이곳저곳에는 나뭇가지가 찢어지고 흩어진 가지들을 묶어놓아 치지 못해 다발이 널려 있었다. 주의 주의해서, 사는 아파트까지 와서 보니 우리 집인 아파트 앞에도 나뭇잎, 가지가 널려 있다. 차 문을 열고 나와 걸어가려니 센 바람 때문에 앞으로 걷기가 어려웠다. 겨우 겨우 걸어 1층 현관에 들어서서 한숨을 쉬며 바라보니 아침저녁으로 오며 가며 보는 감나무에 열린 아직 푸르고 어지간히 자란 감들이 무수히 떨어져 있었다. 모두가 태풍에 억지로 떨어진 것이었다.

내가 사는 8층에 올라 와 베란다에서 유리창 밖의 정원을 내려다 봤다. 온통 나무들이 좌우 앞뒤로 바다에서 파도치듯이 세게 움직이고 있었다. 바닥에 떨어진 나뭇잎들이 그대로 있질 못하고 바람이 부는 방향, 모퉁이에 모두 몰려 있었다. 마치 금방 청소한 듯 깨끗이 한 쪽에 치워져 있었다. 세게 부는 바람에 나뭇잎을 나뭇가지에서 떨어뜨리고 떨러진 잎, 가지들을 한쪽으로 싹 쓸어 놓기까지 한 것이다. 얼마나 바람이 세면 이러겠는가? 이번에 오는 태풍이 5대 태풍이라나?

아파트 주위를 돌아보았다.

전에 그렇지 않았던 나무들이 뿌리째 뽑혀 있는 것이 여러 그루였고 입구에 나가 행길을 보니 은행이 소복히 떨어져 쌓였고 나무째 꺾여 있는 은행도 많았고 단풍잎, 은행잎들이 수북히 쌓여 있었다. 약국 간판이 날려 바닥에 떨어져 있다. 이런 태풍도 처음이고 이런 더운 여름도 처음이다.

자연 재해가 우리 인간을 왜 이렇게 괴롭히나?

자연이 왜 이러나? 모두가 우리 인간들의 자승자박인 점도 있겠다 싶다. 금년은 왜 그렇게 더웠던가? 사는 동안 이렇게 더운 더위 지내 본 적이 없는 것 같다. 전주의 온도가 30도를 넘어서 38도 가까운 날이 하루 이틀이 아니고, 계속되었고 열대야로 잠 못 이룬 것이 보름이 되었다고 하니 새삼 느낌이 다르다. 15층 아파트 구조에 8층에 사는 우리는 평소에는 모두 창문을 열고 있으면 예년에는 시원했다. 그런데 금년에는 달랐다. 더운 여름 잘해야 서너 번 켜던 에어컨을 금년에는 보름 이상을 켜고 살았고 오늘도 바람이 너무 세게 불어 모두 창문을 꼭꼭 닫으니 더웠다.

'2012'이라는 고대 마야 문명에서 언급한 인류 멸망을 소재로 한 영화가 있었다고 한다. 한국 시장에서 개봉 5일 만에 관객 180만 명을 돌파했다는데 나는 못 보았다. 금년이 2012년 그 해이다.

"1960년대 멕시코 남부에서 고속도로 건설 공사 중 발견된 유물 '모뉴먼트6'은 마야 종말론을 더욱 확산시키는 계기가 되었다. 이 유물에는 2012년 12월 21일 마야 문명에서 전쟁과 창조의 신인 볼론 요크테와 관련해 어떤 사건이 일어난다고 예시되어 있었다고 한다."

말하자면 2012년 지구 종말론이다.

2012년 지구에 거대한 변화가 발생할 것이라고 예언했다는 고대 마야인이 남긴 달력으로 인해 전 세계가 불안감에 떨고 있다. 이에 대해 (아포칼립스 2012)의 저자 로렌스.E 조지프 박사는 "2012년 지구에 엄청난 변화가 발생할 것이라는 마야인의 예언에 일부 동의하지만 아직 많은 부분들에 대해서는 논쟁과 질문의 여지가 있다."고 말했다.

2000년 미국의 과학자 테렌스 메케나는 주역을 수리적으로 분석해 시간의 흐름과 64괘의 변화율을 그래프로 표시하고 그것을 '타임 웨이브 제로 '라고 명령했다. 그는 이 그래프가 4,000년에 걸친 인류사의 변화와 정확하게 일치한다고 주장했다. 그래프가 상승한 시기에는 영웅이 등장하거나 새로운 국가가 탄생했고 그래프가 하강한 시기에는 비극적인 사건이 일어났다는 것이다. 이 그래프는 어느 시점이 오면 0이 되는데 그 날이 바로 2012년 12월21일 이라고 한다.

내 기억에 "1992년 10월 28일 24시 휴거로 인해 이 땅의 역사는 마감된다. 믿음이 있는 자는 하늘로 올라가고 믿음이 없는 자들은 유황과 불에 휩싸인 7년 동안의 환란을 거쳐 멸망하고 만다."라고 야단이었다. 그래서 결국 어쨌나?

프랑스의 예언가 노스트라다무스의 예언이 뭐 다 맞았나? 유한한 인간의 삶을 수용하고 나름의 생활을 살아가는 방법밖에 더 있겠는가?

지구촌은 격변의 시대다. 금년 2012년도 엄청난 속도로 변하고 있다. 종말론자의 말을 믿을 것인가? 그냥 대재앙을 준비하는 사람이라고 했으면 좋겠다. 환경오염 핵전쟁, 암 에이즈가 우리 인간을 위협하지만 기쁨과 행복함으로 2013년을 맞을 준비나 하는 것이 현명한 것 아닌가 모르겠다.

세상에 이럴 수가!!

아파트 101동 앞에 대리운전 기사가 차를 세웠다.

이제 집에 다 왔으니 인수인계하고 차를 알아서 평소에 주차하는 자리에 주차를 하고 집으로 들어가야 할 때이다. 운전대 좌석에 앉아 시동을 걸어 움직이기 시작했다. 어디를 가는 지 확실한 행선지도 없이 운전하기 좋은 곳으로 쌩쌩 달린 것이다. 찬바람이 열린 차창으로 밀려오니 간간히 좀 서늘하고 얼마 후에는 차갑다는 기분이 들고 어쩌다 그 후는 잘 모르겠다. 시간상으로는 한 시간이 지나고 다시 시간이 지나 새벽녘에 다다랐다. 추웠다. 그제야 정신이 들었다. 사방이 어둡고 지나가는 차도 없고 인가도 없고 깊은 산중이었다. 잠깐 쉬며 화장실을 다녀오고 정신이 나서 한참을 가도 계속 산속이니 무섭기도 했다. 이정표도 없고 어디인지 모르겠고 하니, 119로 전화를 해서 구조를 구하고 싶었다. 망설이다가 정신이 든 상태에서 전화를 했으나 연결이 안 되었다. 더 한참을 가니 지나가는 차가 있기에 손을 들어 구조를 청한 셈이다. 경찰차였다. 나의 상태는 안 살피고 두렵고, 갑갑해서 구조를 요청한 것이다. 인근 지서로 갔다. 경찰은 내가 구조를 요청 했는데 나를 도와주는 데는 관심이 없는 듯하고 음주측정에 더 관심이 많았다.

다들 그렇지만 평소에 음주 운전은 안 해야 한다고 다짐하고 지키려고 노력해 오던 습관이었다. 직장 동료 중에 그런 일로 어려움을 많이 당하는 것을 보았다. 술 마실 상황이면 차를 가지고 나오질 않는다. 그렇다고 대리운전도 잘 안 시키고 그냥 차를 놓고 가서 이른 아침에 깨어나 찾아온다. 그날은 같이 술 마신 일행 중 하나가 자꾸 권하기에 그냥 따랐다. 대리운전 지금까지 모두 다섯 번이나 시켰을까 모르겠다. 송천동에서 즐겼으니 효자동까지는 너무 멀어 아침에 일어나 차를 찾으러 갔다 오기에는, 출근까지 해야 하니 대리운전을 시킨 것이리라. 같이 있던 술을 덜 마신 일행이 운전을 하다가 늦게야 도착한 젊은 대리 운전기사와 교대했다. 20년이 가까이 지난 때라 대리운전 제도가 지금같이 신속하지 못했 지 않나 싶다.

사는 아파트 바로 앞까지 다 와서 기사가 내리며 수고했다고 인사하고 보내고 나니 술이 바짝 더 취해서 주차를 내가 하는 장소에 한다며 집 앞에 주차하지 않고 운전석에 앉아 집이 아닌 쪽을 향해 무작정 달려간 것이다. 아마 10시부터 두세 시간 가량은 기억 없이 돌아다닌 것이다. 차 앞이 크게 망가졌었다.

그날이 나 죽은 날이라 생각되었다.

차 운전하며 기억이 없이 했으니 말이다.

자고 나서 그냥 출근하다가 차를 카센터에 맡기고 택시 타고 갔다. 수리비가 200만원 넘었다. 이제는 말할 수 있다. 아내는 그 날 일을 지금도 가끔 묻는다. ' 무슨 사연이야' 고. 차를 어디에다 부딪쳤는지 모르고 그 외 무슨 사고 냈는지 모른다고 해야 맞을 것이다. 경찰이 파출소 옆에 있는 여관을 안내해 주었다.

'당신은 그날 저녁 결혼하고 처음, 술을 핑계로 집을 떠나 외박을 했소. 아마 그때 차에 여자들이랑 어울려 이리저리 즐기며 다니다가 여관에서 자고 실수로 차 사고를 내고 그렇게 시간을 보내고 했소'. 이렇게 했을거라는 표정이다. 그러나 나는 그렇지 않다고 말했다. 믿지 않았다. 경찰서에 가서 어제 밤에 근무한 경찰관에게 대질하고 싶지 않았다. 젊을 때 술을 너무 마셔 기억이 안 난다고 말하는 걸 믿지 못하는 사람이 있을 듯. 술 한 잔 못하는 아내도 그걸 믿지 않을 걸까 모르겠으니 그냥 넘어 가는 게 좋겠다 했다. 음주 측정 수치는 얼마나 되었는지 궁금했다.

술 잘 마시는 사람이 실수를 안 할 수는 없을 것 같다. 나도 술로 인한 손해가 한두 가지가 아니었다. 술 권하는 사회에서 적당히 마셔 후회하지 않게 하였으면 얼마나 좋겠느냐만 그게 안 되어 탈이다. 술을 끊어야 한다고 생각은 안 해봤다. 내 의지대로 절제가 안 되게 사회가 만든다고 할까? 마음이 약하다고 해야 맞을 것이다. 집안 식구가 말리어도 금주는 안 될 것이고 병원 의사가 중병에 걸려 술 더 먹으면 곧 죽겠소 하면 모르겠다.

'술을 끊으면 얻을 수 있는 큰 도움' 이라고 쓴 글을 친구가 보여 준다.

내가 술을 마시기 시작한 것이 군 생활 시작부터이니 40년이 훨씬 넘는가 보다. 단절이 없으면 색다른 것을 얻는 변화를 꾀할 수 없다고 말한다. 어디 한번 들어보자.

1. 술을 끊으면 무엇보다 돈을 아낄 수 있다.
   별로 공감이 안 가고 아깝지 않으니 마신다고 하고 싶다.
2. 술을 끊으면 하루 24시간이 무척 길어진다.
   공감이 간다. 마시는 시간, 그리고 너무 마셔 숙취 때문에 머리가 멍해서 다음 날 시간이 허비된다.
3. 술로 인해 실수를 크게 줄일 수 있다.
   실수를 많이 하는 사람은 공감이 갈 것이다.
4. 술을 끊으면 가정의 화목을 회복한다.
   과음하는 자가 명심해야 할 항목이다.
5. 술을 끊으면 건강을 지킬 수 있다.
   얼마 전에 90이 넘은 은사님과 80넘은 형님과 술 이야기에서 이건 사람 나름이다 라고 생각됐다.

'당장 지금부터 술을 끊어 보자. 과음으로 찌든 피곤한 삶이 활기에 넘치는 삶으로 바뀔 것이다. 술을 끊음으로써 느낄 수 있는 좋은 것을 스스로 느껴보는 것도 괜찮지 않을까 생각한다. 귀중하고 아쉬운 시간을 술에 절어 허비할 수는 없는 일 아닌가?' 라고 권한다. 몸이 말을 안 듣고 힘 든다. 과음을 또 하면 그땐 생각해 보아야 할까보다.

단골 집, 단골 코스

우리 친구 넷은 매주 화요일 거의 만난다.

아침 10시에 만나 금산사 주차장에 차를 놓고 모악산을 오른다. 험하지 않은 코스로 닭지봉까지가 좀 힘들다. 김제군에서 힘든 걸 알았는지 나무계단 길을 만들어 주어 훨씬 편하게 해 주어 거기까지 오르면 힘든 길은 거의 반은 간다. 금산사를 가운데 두고 뼁 돌아서 가는 길이다. 조금 오르는 길이 있지만 백운동 뽕밭을 지나면 내림 길로 나무 사이로 일 년 내내 그늘이 지는 코스로 비장 골을 내려오면 다 오는 길이다. 6년 가까이 그 코스 120번 넘게 단골로 다녔다.

봄에는 샛노랗게 우리를 즐겁게 해주는 개나리꽃에 흠뻑 빠진다. 철쭉에 정신을 잃을 때도 있고 신록과, 녹음, 단풍에 변화하는 모습은 철철이 아름다움을 만끽한다. 겨울철에 소복히 내린 눈 위를 살금살금 걸어가며 나무다리 계단을 걷는 맛, 더운 여름에는 바위사이로 철철히 흐르는 깨끗한 물살 위를 걷는 쾌감은 어디에 비할 수 없다.

산을 내려서 금산사에서 전주 오는 길목에 맛있는 음식점이 많다. 해성고를 거쳐 오다 보면 보신탕집 H회관은 우리의 단골집이다. 항상 너무나 반갑게 맞이하는 사장님 그리고 미스아시아, 오는 화요일에 안 오면 기다려진단다. 서비스로 주는 별미가 그게 주문한 것보다 등산한 직후 배고파 먹으니 더 맛있는 것 같다. 얼굴이 거무잡잡한 아주머니 미스아시아는 우리가 간다 하면 수육 한 사라, 맥주 2병 소주 2병 그리고 반 탕 4그릇 전과 동일하게 준비한다. 여름철에는 거의 여기가 단골이다. 술과 수육 그리고 반 탕, 서비스로 주는 것까지 먹고 나면 그 날 저녁은 별로 밥맛이 없는 게 사실이다. 우리 친구 넷이 아닌 다른 손님들도 자주 모시고 간다. 그래도 특별히 대접해 준다. 딴 데 갈 수 없다.

눈 내리는 겨울에는 토끼탕 집이 제격이다. 주인아저씨는 토끼고기가 이래서 좋다고 일장 연설을 한다. 요사이는 오리 고기가 좋다고 해서 단골이 변해 가고 있다.

단골로 다녀보니 좋은 점이 많았다.여인들과도 정이 들고 언제나 반가운 미소로 맞이하고 즐거운 대화가 더욱 진지하니 술 맛도 좋고 음식 맛도 좋지 않겠는가?

등산 코스도 좀 다른 길로 바꾸자는 의견도 나왔지만 5・6년간 똑같은 단골 코스다. 금산사 정문 앞에 있는 금붕어 어장의 금붕어 마리 수도 기억할 정도이니 단골 코스일 수밖에.

승용차 운영에도 단골집이 있다.

조카가 운영하는 카센터가 집 가까운데 있어 주로 이용한다. 차에 문제가 생기면 단골인 그 카센터로 간다. 수리비나 부속 교체비를 비싸게 받는지 싸게 받는지 생각 없이 간다. 어떤 때는 차가 이상해서 이것

교체해야 한다고 말하면 그냥 타고 다니란다. 내 차는 거의 10년이 다 되어 간다. 좋은 차에 대한 욕심이 없다. 외제차를 선호하고 좋은 차를 선호 하는게 아니라 보통이면 된다는 취미다. 내 자신 운전을 하기를 좋아하지 않는다.

그런데 한번은 제자가 운영하는 카센터에 엄청나게 싸게 교체해 주기에 이렇게 싸게 부속품을 교체해 주니 단골에 대해 의심이 들기에 요사이는 교체 할 것이 있으면 단골이 아니고 외골수(?)인 셈이다. 백수로서 용돈 중에 비추어 큰 것이 차에 들어가는 비용이 많기에 좀 더 적게 들어갈 곳을 찾아서 조카에게 좀 미안하기도 했다. 별수 없이 살짝 수리비용이나 교체 비용을 비교할 수밖에 없다 곧 타이어를 교체해야 하는 데 단골인 아닌 싸게 할 수 있는 곳으로 알아보아야 하는데 조카에게 알아보아야 할까?

조카에게 지난번 쪼인트가 망가져 교체하면서 타이어 교체 비용을 물어 보았는데 싸게 해주는 곳이 있으니 단골을 교체해야 할까?

자동차 보험료도 그렇다. 단골로 친분 있는 분에게 계속 맡겼는데 새로 바꾼 보험사와 20만원 차이나니 별 수 없이 단골이 바꾸어지는 경우가 되었다. 단골인, 전에 보험회사 아는 분에게 말할 때 단골 바뀌기가 좀 미안 했다.

단골의 교체라고 해야 할 까? 요사이 단골은 변해야 할까?

아니면 옛 손님을 잘 모시며 단골을 유지하며 손해 보는 단골을 그래도 유지해야 할까?

곰곰이 생각해 볼가 싶다. 알아서 하세요. 너무나 많이 변하는 세상, 나도 잘 모르겠어요???

사람과 동물

동물들이 아파 치료를 위해서 수의사를 찾아가 걷지 못하는 개들이 완쾌해서 병원을 걸어 나오고, 태어날 때부터 눈에 장애 있는 개가 세상을 볼 수 있는 모습으로 치료되는 모습을 보았다. 사람도 치료할 병원이 없어 겨우 동네 약국 약을 사다 먹고 모면한 때가 있었다. 수의사가 동물을 치료하고, 동물은 인간을 도와주는 동물매개치료의 경우를 보니 공생관계로 동물들도 우리 인간을 위해 도와주는 상황이 되었구나 깨달았다.

말, 개 등 동물을 이용해 인간의 자폐증과 뇌성마비, 치매 등을 치료하는 '동물매개치료사'를 말한다. 약물 투여 대신 동물과의 상호작용을 통해 신체 정신적으로 어려움을 겪고 있는 장애자나 노인들의 재활, 정신질환 행동 등 장애치료를 돕는단다. 정신 지체, 주의력 결핍장애 아동, 정신 장애인, 외롭고 빈곤한 어르신, 심리사회적으로 많은 어려움에 처해 있는 우리 사람들에게 사람과 같은 감정을 갖고 있고 따뜻한 체온을 느낄 수 있는 동물과의 접촉이나 상호작용을 통해 기쁨과 활력을 주고 스스로 밝은 삶을 영위할 수 있도록 도움을 주는 것이다. 우리가 동물들의 질환을 치료해 주었는데 이제는 동물이 인간을 돕고 치료해

주는 것이다.

평소 TV프로 중에 동물농장, 동물의 세계, 환경스페셜 등을 즐겨 본다. 그러다 보니 우리 인간과 동물을 비교하여 보며 재미를 느꼈다.

자동차를 사랑하는 개(덕구), 차 따라가는 거위, 10년째 한자리에서 주인 기다리는 개.

근래 보았기에 기억되는 기르기 시작한 9년째 된 애완견도 생각난다.

주인인 70세 넘은 노부부를 단 몇 시간 동안도 헤어져 지낼 수가 없었다. 노부부가 허리가 아프고 당뇨가 있어 치료를 거의 매일 하러 병원에 다닌다. 집에서 얼마쯤 걸어 나가 버스를 타고 간다. 주인을 그리워하는 개는 버스에 태울 수 없기에 집에 두고 나온다. 그러면 그 개는 문이 잠가 있기에 울타리를 타고 담장을 넘어가 주인 노부부가 시내버스를 타는 지점에서 마냥 기다린다. 차가 오면 주인 노부부가 오는가. 학수고대하고 기다리다가 차에서 내리는 주인을 보고 꼬리를 흔들며 좋아 어쩔 줄 모른다. 잠자리에서도 주인과 같이 다정히 잠이 든다. 노부부 주인을 단 얼마동안이라도 헤어져서 살 수 없기에 시내버스 정류장에서 무작정 기다리는 하이크라는 개. 나는 개를 키워본 경험도 없고 잘 모른다. 그러나 하이크는 피를 나눈 자식보다 낫고 사랑스런 존재로 보였다.

그런가 하면 불효하는 개도 있다. 편리 공생을 하는 셈이다. 여름이면 시원하게 에어컨 바람을 쐬고 겨울이면 난로 바로 앞자리를 차지하여 잠을 청한다. 거실의 제일 좋아하는 장소에 누워 잠을 자고 있을 때면, 주인이 발끝으로 살금살금 걸어 다녀야만 하는 경우, 목줄을 매지 않겠다고 고집부리거나, 먹이를 주거나 쓰다듬거나 산책할 때 일일이 자기 허락을 받게 하는 경우, 신발이나 책, 침대시트 수표나 현금 옷가지 소파 양탄자 테이블이나 책장 같은 기구, 문짝 계단 커튼 등을 못 쓰게 만든다.

매년 미국에서 개한테 심하게 물려서 병원 치료를 받은 사람은 100만 명에 이르고 대부분이 어린이란다. 죽은 사람도 한 해 평균 12명이라고 한다. 개에게 물려 보상하느라 보험 회사들은 매년 2억5천만 달러가 쓰이고 있고 자신이 키우는 개가 30분간 75달라 하는 침술 치료를 받게 하기 위해 주인들이 줄을 서서 기다린다고 하며, 사람들의 불평이다.

동물(곤충)들은 사람들에게 더 큰 소리로 불평을 한다.

"나(거미)는 여섯 평 가량 되는 방에서 개미 그리고 모기, 나방, 파리 등이 함께 살고 있다. 우리는 서로 먹기 위해 싸우기도 하지만 먹지 않을 것을 죽이지는 않는다.

그러던 어느 날 이곳에 매우 거대한 크기의 암컷 사람이 한 마리가 나타났다. 암컷 사람은 빗자루를 사용하여 청소라는 걸 하면서 개미와 거미들을 무차별적으로 학살한다. 나는 그 많은 개미와 거미를 해치운 암컷 사람이 그들을 먹어 치울 것으로 생각했지만 암컷사람은 먹는 대신 그들을 비닐봉지에 먼지들과 함께 쓸어 담아 버린다. 또 암컷 사람은 벽에 액체를 발라 커다란 종이로 벽을 덧바르는데 그 때문에 수많은 개미가 죽고 나 역시 죽을 고비를 간신히 넘겼다.

암컷 사람이 떠나고 며칠 뒤, 여러 마리의 사람이 들어와 짐을 들여놓는다. 그리고 한 마리의 수컷 사람이 남는다. 몇몇 개미들이 수컷사람을 공격해 보지만 아무런 소용이 없다. 몇 번의 공격이 실패로 끝나자 개미들은 사람과의 공존을 선포한다. 수컷 사람은 먹을 수 없는 것들을 너무 많이 가지고 있으며, 수시로 노란 테이프를 이용하여 개미들을 집단으로 학살한다. 수컷 사람은 이러한 학살을 몇 번이고 하지만 그렇게 죽인 개미를 먹지 않는다. 나는 먹을 수 없는 것을 너무 많이 가지고 있고, 먹지도 않을 생명을 너무 쉽게 죽이는 수컷사람을 이상하게 여긴다. 더구나 수컷 사람은 나를 비롯한 개미들이 이곳에 함께 있음에도 다른 사람에게 방을 자신의 방이라고 말한다. 하나님은 이 지구를 사람 자기들만 살라고 만들었나?

수컷 사람은 개미든 모기든 보이는 대로 죽인다. 나 역시 여러 번 죽을 고비를 넘긴다. 나는 자신은 물론 개미들도 다른 생명을 죽여 먹이로 만든 적이 있지만 먹지도 않으면서 다른 생명을 죽이는 사람의 행동을 이상하게 생각한다.

동물(짐승, 곤충)들은 또 성토한다.

사람은 만물 중에 귀하기로 제일이요. 신령하기도 제일이요, 재주도 제일이요 지혜도 제일이라 하며 동물 중에 제일 좋아하더니, 오늘 날로 보면 제일로 악하고 제일 흉괴하고 음란하고 간사하고 제일 더럽고 어리석은 것이 사람이로다. 지구를 자기들 좋다고 마음대로 파헤치고 변형시키고 편하게 살려고 무슨 물건들을 정신없이 만들고, 무서운 핵무기도 만들어 자승자박하는 행동이며 우리 동물들이 살 수 없게 불편하게 하고 공기를 오염시켜 살기 힘들게 한 동물 중에 가장 큰 죄인 아니오.

학교 만화경

사람 중심 관악특별구라 육교 위에 크게 쓰여 있고, 앞에 서울 ××초등학교, 그리고 옆에 우리 현대 아파트, 또 동아 아파트가 있는데 육교로 등교하는 초등학교 학생이 보였다. 시간도 한가하고 40여 년 전의 즐거웠던 시절이 문뜩 생각나고 그리워, 한참 동안 쳐다보았다.

추운 날씨이기에 옷에 모자까지 달린 옷들을 입고, 장갑을 끼거나 손을 깊숙이 주머니에 넣거나 하고 어깨에 가방을 메고, 신주머니를 들고 가는 모습이었다. 옷 색깔도 분홍색, 검정색, 파란색 참 다양하고 내가 다니던 국민 학교, 아니 지금 초등학생 시절 그리고 내가 가르치던 초등학생들과는 사뭇 달랐다.

새 학기 초인 3월이기에 1학년 신입생 같은 어린이는 엄마 손을 잡고 가는 모습이 보였다. 엄마가 대신 가방을 어깨에 메고, 아이는 종종 따라가고 있었다. 아침 8시30분 전후 시간이다. 어떤 자모는 엄마도 빨간 외투, 아이도 빨간 외투를 입었고, 모두가 머리에 모자까지 썼다. 엄마가 가방을 메고 학생은 신주머니만 들고 따라가는 모습도 보인다. 어떤 엄마는 가방, 신주머니를 모두 들고 늦게 뒤에 어슬렁어슬렁 걸어오는 아이를 빨리 오라고 재촉하는 모습도 보인다. 형제가 다니는 모양인데 앞에 둘이 손잡고 가고 뒤에 엄마인가, 할머니인가 뒤따라간다. 아버지랑 같이 가는 모습도 보이는데 아버지는 옆에 가며 가방, 신주머니 모두 학생이 메고, 들고 간다.

3월 7일이니 신입생 5일째 등교 날이다. 부모는 옆에 없고 형제간이 가는데 키가 큰, 형인가 언니인가 키 작은 아이에게 무어라고 자꾸 뒤돌아 말하며 간다. 2학년쯤 되는 아이가 가방을 좌우로 흔들거리며 신주머니는 덜렁덜렁하며 뛰어가는데 여자아이 같다. 조그마한 아이가 부모에게 끌려가듯이 가는 아이, 키가 어지간히 크고 당당하게 손잡고 걸어가는 아이. 부모 손잡고 가는 아이가 왜 이렇게 많은가? 신입생은 늦게 등교하나?

9시가 지나니 다 가고 없고 가득히 지나가던 육교가 휑하니 비고, 비둘기가 훨훨 날아다니며 모이를 줍고 있다. 밀것에 간난아이를 태우고 오는 엄마가 보였다. 신입생 아이를 학교에 데려다 주고 오는 엄마로 보였다.

나는 초등학교 교사를 6년간 했다. 국비를 받고 학교를 다녔으니 의무 기간을 마쳐야 했다. 그러나 적체 현상이 심해서 의무기간을 안 채우고 가정 형편이 좋은 친구들은 운 좋게 서울대, 육사 등으로 진학한 친구도 있었다. 진학은 생각할 수 없었다. 젊었을 때(20대)이었기에 5,6학년 담임만 했다. 1,2학년은 여선생님이거나 연세 많으신 분이 담임을 하셨다. 그래서 신입생의 지도를 못 해봐서 심정을 모른다. 그러다 중학교를 거쳐 고등학교 중에 여고에 7년, 남자고교에 27년을 근무했다. 대학과 같이 있는 학교이기에 교수가 될 수 있었고 동료 중에 진출한 사람이 있었다. 왜 그때 빨리 대학원 마치고 대학으로 진출 못한 것이 지금 생각해도 아쉽다.

40년 넘게 아이들 가르치는 세월이었는데 처음이었던 초등교사 시절이 추억이 아름답고 즐거웠다. 섬마을 학교, 시골학교에서 가르치던 제자들이 보고 싶고 찾아준다. 그때의 제자가 제자이고 스승이었다고 할 수 있을 것 같다. 고교에서의 선생도 처음에 몇 년이 정이 있고 그리웠다.

40대 중반까지의 교직생활이 그립고, 제자이고 스승이었다 할 수 있다. 그 이후에는 제자가 없다고 해야 할까? 국가나 시대적인 시류 때문인지, 만났어도 제자들도 그렇게 반갑게 맞이하지 않으니 그런가, 보고 싶고 그립지가 덜 하다.

고교 제자들은 오랜만에 만날 수 있는 기회가 졸업 20주년 기념, 졸업 30주년 기념 때 만날 수 있는데 오래 전보다, 졸업한 연도가 최근에 가까울수록 다정감이 부족하다. 내가 그 당시 담임 시절에 잘못하고 어째서가 아니라 대개가 그렇다. 졸업생들도 20년 만에 만났어도 최근에 만나는 제자들은 저희들끼리만 반갑게 맞이하지, 먼발치에서 보고도 담임께 인사하라고 사회자가 모이도록 한 뒤에야 가까이 와서 인사 하는 걸 보아도 한편 섭섭하기까지 했다. 나만 그런가, 아니면 요사이 졸업생만 그런지는 잘 모르겠다. 행사 때 그냥 한번 만나면 연락도 없다. 나도 만나자고 연락하고 저희들도 연락하며 살아야 할 텐데. 그러니 제자도 없고 스승도 없다고 하나 보다.

요새 학교생활을 하는 선생님들의 이야기를 들으면 재미도 없을 것 같고 선생과 학생 간에 별 정도 없을 것 같다. 잘못을 해도 크게 나무라

지도 못하고 심할 때는 종아리도 때리고 해야 할 텐데 그럴 수도 없다니 제대로 교육이 될까 생각 되었다. 학생회 주관으로 사랑의 매를 만들어 선생님에게 준 일도 있었다. 격세지감이 느껴진다.

아침에 육교를 지나가며 까불고 장난하며 늦게 등교하는 아이들을 어떻게 지도할까 궁금하다. 그렇게 지각을 해도 공부를 열심히 안 해도 따끔하게 종아리라도 때려 다시는 그러지 못하도록 해야 할 텐데 민주적인 방법으로 하려면 어려움이 많고 힘들 텐데 수고가 많고 때로는 짜증도 나고 효과도 적으리라 생각도 해본다. 젊을 때 미워서가 아니라 열성이 있기에 종아리도 때리고 기합도 주며 잘못된 버릇도 고쳐주려 했고 성적을 올리기 위해서 지금 생각해 보면 쫓겨 날 행동도 많이 했다. 심할 때는 감정에 치우친 태도도 보인 때가 있음도 인정한다. 그래도 지금 같이 관심을 덜 두며 용서하며 지도하는 것보다는 나은 지도태도 방법인 것 같기만 생각되는 것은 너무나 보수적인 것인가 모르겠다. 대학에서도 구조조정 한다고 학교들이 서열화 되고 학교는 갈수록 메말라가는 현장이 되는 것 같아, 선생님들이 존경받고, 좋은 시절에 즐거운 생활 잘 했다 싶다. 공교육이 살아나고 학교가 즐겁고 보람 있는 곳이어야 할 텐데 말이다.

바다의 향연

놀이터는 냇가였다.

무더운 날 학교가 파하기가 바쁘게 우리는 마을 뒤에는 산이고, 훤히 트인 앞에 널따랗게 펼쳐진 냇가를 향해 등에 멘 책보를 집에 내던지고 500m되는 거리를 단숨에 달려갔다. 완주 군청 새청사가 번듯이 들어선 큰길 건너 북쪽에 위치한 마을이다. 시간 가는 줄 모르고 물장구치고 고기 잡고 물싸움하고 헤엄치고 몇 시간이고 놀았다. 입술이 파랗게 되면 배도 고프고 시간이 지나 집에 갈 시간이라 생각되어 주섬주섬 삼베 바지를 걸쳐 입고 집을 향한다. 배가 고파 몰래 고구마도 캐먹고 마늘도, 덜 익은 목화 열매도 따먹으며 온다. 여름이 다 가도록 마냥 그랬다.

세월이 흘러 군대에 가서도 바닷가 부산에서 근무하며 쉬는 날에는 제3부두에서 낚시하여 잡은 고기로 술안주 해서 마시며 놀고 헤엄치며 즐기는 추억, 제대하고 근무지가 섬마을 바닷가였다. 이미자의 '섬마을 총각 선생님'을 부르며 한 삼년을 추억어린 세월. 굴 따고 조개 줍고 목욕하던 시간. 높은 산위에서 바다에 떨어지는

눈발을 보며 기울이던 막걸리 맛은 지금도 생각나고 요사이도 몇 년

만에 제자들 찾아 구경 가고 목포 유달산을 내려다보며 추억을 되살리고 있다.

이런 인연이 바다를 좋아하고 그리워하기 시작했다. 해군이 되고 싶고 해양대학, 해군사관학교도 한때 열망했다. 아들을 삼면이 바다인 나라에서 미래는 바다이기에 조선해양대학에 진학시키기도 했다.

몇 년 전에 전남 진도에 문학인들 모임에 갔을 때다.

쉬미항을 출발해서 본 올망졸망한 '가사도리'의 섬들의 모습! 관광 유람선을 특별히 대절해서 섬들의 주위를 정신을 잃고 구경했다. 스님이 사랑에 빠져 세속과 인연을 끊지 못한 괴로움에 물속에 몸을 던지자 벼락이 쳐서 손과 발가락이 잘려나가 되었다는 손가락 섬, 발가락 섬 유람선을 타고 돌고 돌아보니 그 모습은 처녀 젖가슴 섬으로 변했고 나중에는 할머니 젖가슴 섬으로 변해 있었다. 바다를 다스리는 해신님이 급해서 실례한 배설물이 모여 이루어진 방구섬도 있었다. 광대섬, 군함섬, 우이섬 등 총각으로 비금도를 배를 타고 오가던 사십년 전의 그리운 추억이 울컥 떠올라 참을 수가 없어 해설자의 마이크를 빌려 잡고 '섬마을 총각 선생님'노래를 하며 추억을 일행과 같이 나눴다.

베트남의 하롱베이가 그렇게 좋았다. 두 번이나 다녀왔다. 처음에 갔을 때는 비가 내리고 흐려서 제대로 구경을 못했는데 이번에 갔을 때는 날씨도 맑고 쾌청해서 아주 좋았다. 국보 바위, 키스바위 가이드의 설명이 활어회감 한 마리가 누워 있다고 했다. '인도차이나' 영화를 촬영한 그곳이다. 세계 7대 해상명소 중 하나다. 하롱베이는 용이 내려앉았다는 전설 때문인 지 조용해서 파도가 거의 없고, 바다에서 짠 냄새가 안 나고 갈매기가 안 보였다. 내가 탄 배도 천천히 달리고 수면이 잔잔하고 멀리까지 보이는 배가 30여 척 보였다. 나는 신선이 되었었다.

육지에서 지하 굴은 많이 보았다. 그런데 배를 타고 목을 낮추며 어두컴컴한 굴속을 지나가고 각종 모양의 굴속에 물결치는 모습, 30분간의 멋진 탐방은 더없이 재미있고 신선했다. 배가 배 숲 사이로 점점 접근하여 지나가고 빨간 바탕에 노랑 큰 별이 있는 베트남 국기 깃발, 그 뒤에도 큰 배 옆구리에 작은 통통배를 끌고 지나간다. 크고 작은 돌섬 봉우리 위에 나무들을 보며 저 나무들은 어떻게 수분을 섭취해서 자랄까 궁금했다. 지나다보니 거기에는 평지의 나무들과 같이 숲을 이루고 있기도 했다. 옛날 섬에 근무했던 추억을 떠올리며 나 혼자 명상에 젖어 있었다. 정말 아름다운 모습이 한 시간 이상 타는 배 앞에 진열하고 있었다. 배안에 들어가 간식을 잠깐 먹고 또 나와 구경하다가 스피드 보트를 타기로 했다.

하늘에는 비행기를 타고 수없이 빠른 속도로 달리고 육지에서는 철로 위를 시속 300㎞로 달리는 KTX, 고속도로로 빨리 달리는 속력감은 있지만 바다 위를 스피드 보트로 달리는 경쾌함은 견줄 바가 아니었다. 공기를 가르며 달리지만 보이지가 않으니 느낄 수가 없다. 바다 위를 파도를 일으키며 바람과 물살을 일으키며 달리는 맛은 훨씬 멋지고 즐거웠다.

사람들은 물가를 좋아하고 인류의 역사는 강을 끼고 이루어진다. 놀이의 장소는 건강을 위해 오르는 산보다 강과 바다가 훨씬 선호된다.

조선공업이 세계 최강국이요 삼면이 바다인 우리나라는 미래에 무궁한 발전의 여지가 있는 바다에 우리의 관심을 모아야 할 때이다.

더구나 우리 지방에는 새만금이 있어 머지않아 세계 사람들이 모여들어 관광명소가 될 날을 기다려 본다. 강과 바다는 우리의 영원한 낭만적인 놀이터이다.

제5부

시계 없는 세상

권투 그리고 도둑

일본 그리고 미국, 중국, 한국

시리아의 추억

아들, 아내와 같이 중동 4개국 18일간 배낭여행기

(터키, 이집트, 시리아, 요르단)

아들과 함께 떠나는 유럽 21일간 배낭여행기

(영국 프랑스 독일 이탈리아 중심)

시계 없는 세상

2월14일 오후 7시부터 17일 오후 7시까지 3박 3일 동안 시계 없이 시간을 모르고 보냈다. 물론 핸드폰도 소지 못하고 TV, 신문도 없이 뉴스와 외부와도 단절하고 또 주위의 벽에도, 이웃 모두에게도 시간을 알 수 없는 상황이었다.

나에게 시계는 언제부터 지녔고 누가 사주었는지 확실한 기억은 없다. 초중고 시절에는 물론 군대 생활할 때도 없었던 것 같다. 직장을 갖기 시작해서부터 가졌던 것 같다. 그런데 지금 시계를 생각해보면 어떤가? 내가 현재 가지고 있는 시계만도 몇 개인가. 집 안에 널려 있는 걸 세어 보자. 거실, 서재 방, 침대 방. 손목시계만도 아들이 사준 것, 대통령이 선사한 시계, 교육부장관 하사품, 사립학교 회장 장기근속 하사품, 교육감 퇴직 기념품, 아내가 생일 선물로 사준 금줄 제일 비싼 시계, 외국 다니며 산 시계(홍콩) 등 합해서 7,8개 시계 천지다. 시계 수은전지(수은건전지)를 넣어 있지 않아 작동은 안 하기에 수은전지를 새로 넣는 것마다 교대해 가며 차고 다닌다. 그렇게 많아도 밤중에 자다가 일어나 화장실에 갈 때 보아야 하는 야광 시계가 없어, 넘쳐도 하나 더 사야 할 필요를 느끼니 어떨까. 밤중에 화장실에 갈 때 몇 시인가 확인 하는 버릇이 있다. 전기 불을 켜거나 핸드폰을, 손목시계를 화장실에 들고 가서 쳐다보기도 한다.

시계 개수가 여러 개이지만 비싼 시계는 한 개 정도이다. 대개 가격으로 2만원 전후가 대부분이고 한 개가 생일 기념으로 시계 줄을 금으로 바꾼 70만원 가격시계가 제일 고가다. 그러나 제일 애용하기는 시계 줄이 가죽으로 된 선물로 받은 시계로 편하게 차고 다니기 좋으니 그렇다. 수백만 원짜리를 차고 다니며 자랑 하는 사람도 보았다.

그런데 그렇게 많은 시계를 3일간 한 번도 안 보고 시간을 모르고 지냈다. 3일간 행사인데 모든 게 종소리로 모이고, 끝나고 일정을 종으로 알렸다. 사전에 행사의 내용을 전연 알리지 않았다. 몇 시부터 무얼 시작하고 언제 끝날 지도 모른다. 물론 행사 주관자는 계획서가 있고 시계를 보고 추진하겠지만 행사 참석자는 전연 모른다. 3일간 어두워지니 저녁이 오고 밝아지니 해가 뜨는구나 했다. 종이 울리니 시작이고 식당으로 안내하니 식사시간이었다. 시간 관념을 버리고 한 가지 목적을 향해 정진하기 위해서란다. 간식으로 맛있는 과자, 빵, 과일을 쉬는 시간에 하루 2,3회 주니 배꼽시계도 필요 없고 과식할 정도이었다. 간식이나 식사도 없으면 더 시간을 짐작 못할 것이었다.

시계를 안 차고 다니는 사람이 많아지는 것 같다. 핸드폰을 거의 가지고 다니니까 또 거리에도, 공공장소에도 있기에 그렇다. 그러나 손목에 차 있는 시계가 시간 확인하기에 더욱 쉽고 빠르다. 시계를 자주 보는 때는 언제인가? 정해진 시간에 맞춰 무얼 할 때 일 것이다. 차타는 시간, 약속 시간, 바쁠 때, 시간을 절약하기 위해서 시간을 쪼개어 일처리

할 때도 자주 보게 된다.

즐겁게 하는 일은 시간이 쉽게 지나가나 하기 싫은 일을 할 때는 시간이 지루하고 시계를 자주 보며 짜증을 내기도 한다.

시계가 없던 옛날에는 어떻게 시간을 인식했을까? 영국의 알프레드 대왕은 주야 하루 동안 탈 수 있는 양초를 만들어 그 양초를 검은 선으로 삼등분하여 두었다가 처음 첫 검은 선까지 타들어 올 때까지 일을 하고, 다음 선까지 탈 때까지 휴식과 오락으로 즐기고, 두 번째 선이 타버리면 잠자리에 들었다고 한다. 8시간 일하고, 8시간 즐기고, 8시간 수면을 취한 것이다. 시계가 없는 옛사람도 시간을 아끼고 소중하게 여길 줄 알았던 것이다.

행복한 사람은 시계에 관심이 없다고 하고, 결코 시계를 보지 말라 이것이 젊은 사람들이 기억해야 할 나의 충고라고 말하기도 했다. 우리는 시간을 함부로 낭비하고 있을 때가 많다.

어느 날 영국의 웰링턴 공작이 고급관리와 런던 다리 근처에서 만나기로 약속했다. 웰링턴은 정각에 와서 기다리고 있었다. 고급관리가 늦게 왔다. 5분 지각이군. 시계를 보며 매우 불쾌하게 말하였다. 그렇지만 불과 5분이니까요 각하. 불과 5분이라고? 그 시간 때문에 우리군대가 패배를 당했다면? 다음 약속 시간에는 그 관리가 미리 와서 기다렸다. 웰링턴 공작은 뒤에 왔다. 각하 제가 5분 먼저 왔습니다. 공작은 찡그린 얼굴로 자네는 시간의 가치를 모르는군. 나는 정각에 왔어.5분을 낭비하다니 아깝기 짝이 없는 일이야 라고 핀잔했다는 이야기가 있다.

성현은 또 이렇게 우리를 일깨우기도 했다. 이렇게 생각하고 살라. 즉 그대는 지금이라도 곧 인생을 하직하지 않으면 안 되는 것이라고 이렇게 생각하고 살라. 당신에게 남겨져 있는 시간은 생각지 않은 선물이라고.

권투 그리고 도둑

초등학교를 시골에서 졸업하고 중학교를 전주로 갓 진학하여 익산 옆 황등에 사는 누님 집을 갔을 때였다. 기차에서 내려 한 십리를 걸어야 하는 곳이었다. 어디쯤 가니 긴 다리가 있는데 내가 지나가니 다리 밑에 있는 서너 명의 불량하게 생긴, 나보다 몇 살 위로 보이는 애들이 갑자기 튀어나와 나를 둘러싸고 다짜고짜 때렸다. 그리고 주머니에 있는 걸 다 내어 놓으라 했다. 형과 같이 갔는데 형은 한참 앞에 갔기에 못보고 나만 갑자기 당해 몇 푼 안 되는 돈이며 몇 가지를 그냥 빼앗기고 맞고 가야 했다. 소리도 크게 지를 수가 없었다. 그래 늦게 누님 집에 가니 형은 이미 와 있고 누님이 얼굴을 보며 왜 그랬냐고 화를 몹시 냈다. 형한테도 같이 안 오고 먼저 왔다고 혼냈다. 어머니께서 일찍 돌아가시니 누님이 우리 형제를 깍듯이 사랑하시고 챙기셨다.

그런 일이 있고 나서, 전주에서 촌놈이 학교를 다니는데 촌놈이라고 무시하고 깔보았다. 어느 날인가 쌈을 잘 한다고 알려진 한 놈이 나를 옥상에 오라고 하더니 갑자기 때려 코피까지 났다. 억울하고 창피했다. 내가 만만하게 보이고 비위에 거슬린 모양이었다. 그렇게 일 년 사이에 한번은 집단으로, 후에는 비슷한 연배에게 맞으니 분해서 견딜 수가 없었다. 식구들은 시골에 계시고 당숙 집에서 당분간 학교를 다닐 때였다. 시골 출신을 애먹이고 싸움이 성행하던 시절이다.

화가 나서 견딜 수가 없어 무얼 배워 싸움을 좀 잘 하도록 해야 하겠다고 생각하고 권투를 배우기로 하고 지금 전주시청에서 대신증권 사이에 있었던 체육관을 1년 넘게 다녔다.

복수하기 위해서는 공부도 열심히 하고 운동도 열심히 했다. 3학년 때는 반장도 했다.

1학년 때 나를 때린 학생은 축구선수로 계속 운동하고 있고 공부는 제대로 못 했는데 딴 친구를 통해 친해졌다. 집도 부자로 잘 살아 나를 자기 집으로 초대하기도 하고 중간·기말 시험 볼 때는 자주 불러 같이 시험공부를 했다. 또 하나, 학생 중에 나를 1학년 때 괴롭힌 놈이 있었는데 나를 피하고 보니 어쩔 수 없었다. 시골에서 온 학생들이 덩치도 크고 오히려 공부도 잘 했고 운동도 잘해 같은 초등학교 동창이 든든히 버티고 있으니 기가 살아나서 신입생 시절의 서러움은 모두 잊어 버렸다. 복수의 기회가 사라진 것이었다. 지금 생각하면 옛날 영화(조폭, 신라의 달밤)에서나 볼 수 있는 추억이다.

두 번째로 생각이 나는 중, 고 시절 추억이다.

왜 그랬는지 모르겠는데 학교에서 단체로 경주에 수학여행을 갔는데 나는 안 가고 다른 학교에 다니는 아주 친한 중학교 동창과 같이 경상도 지역으로 무전여행을 갔다. 그때만 해도 멀리 갈 때는 버스보다 기차를 주로 이용하던 때였다. 교복을 입고 모자까지 쓰고 출발했다. 반드시 학생증을 가지고 무전여행을 가면 기차를 타게 했고 일반 좌석

칸이 아니고 석탄이나 짐을 실어 나르는 곡간 차를 이용해야 했다.

우리는 곡간 차를 타고 가다 진주에서 마산에 갈 때였는데 그 칸에 무임승차한 광주리에 과일, 곡식, 생선을 이고 가는 아낙네들의 알아들을 수 없는 시끄러운 경상도 사투리가 귀가 왱왱할 정도로 들려오는 밤이었다. 초저녁이었다. 한참을 가는데 중간 어느 역에 이르니 순경이 우리를 무작정 끌어내며 지서로 가자는 것이었다. 힘없이 끌려갔다, 전라도 경상도가 정치적으로 적대관계가 심하고 전라도가 무시당하던 때였던 것 같다. 기차를 타기 전 진주 촉석루를 구경하고 한참 걸어 왔는데 그 어느 곳 식당에 밥을 먹고 나오며 신발을 가져갔다고 우리가 범인이란다. 지서에 도착해서 우리는 절대 그런 일이 없다고 하소연 했으나 막무가내였다. 지서 시멘트 바닥에 무릎을 꿇려놓고 오랜 시간을 있게 해서 나중에 한 동안 무릎 아파 고생한 기억이다. 어느 지서인가에서 우리 집 옆 지서로 전화하고 학교까지 전화해서 범인이 아니라는 결과를 알고서야 우리를 풀어 주었다.

밤새 무릎을 꿇고 있고 잠을 못 자고 고생하고 새벽에야 미안하다고 하며 기차를 태워줘서 그곳을 떠날 수 있었다. 평생 지금까지 세상 살며 지서, 파출소에 기타 죄 지어 머문 때가 딱 두 번이다. 그 때 한번 그리고 두 번째는 음주 운전 측정 후 결과 확인 차 파출소에 한번 들른 일이다. 술 양에 비해 억울해 음주 측정 후 따지기 위해 간 일이 있다. 무전여행을 마치고 등교해서 학교 단체 여행에 참석 않고 개인적인 무전 여행했다고, 또 도둑으로 몰려 전화오고 한 일 때문에 혼나고 해서, 추억에 길이 남는 일이었다.

지금도 학창시절 앨범을 보면 단체 여행 사진엔 없고 친구와 같이 무전 여행한 사진이 개인 사진첩에 또렷이 꽂혀 있다. 왜 단체 학교여행에 참석 않고 개별적으로 무전여행 갔을 까 생각이 안 나고 지서에서 하루 저녁 혼 난 일만 생각난다.

그냥 참고 지냈으면 할 텐데 권투를 배웠다는 것은 어릴 때 객기라 할 수 있나?

그리고 무전여행도 그렇다. 내가 담임을 할 때 공부를 제일 잘 하는 학생이 보충 수업을 안 한다고 하니 나머지 학생들에게 영향이 끼쳐 숫자가 적어 고민할 때 우연히 그 학생의 아버지를 만나 같은 교사 출신으로서 나의 어려움을 풀어 준 일이 있다. 방학 때 혼자 공부할 계획을 벽에다 붙여 놓았다 찢으며 나를 원망했을 테니 나의 담임선생님도 나 때문에 그랬을지 싶다.

이 다음 달 모임에서 같이 무전여행 가고, 평생을 경찰 생활하고 정년한, 친구에게 기억나는지 물어봐야겠다.

일본 그리고 미국, 중국, 한국

세계에서 일본을 무시하려 하고 적대시 하는 나라. 가장 가까운 이웃에 있으면서도 먼 나라인 것 같은 나라가 한국이다. 우리는 영국 런던을 가려고 인천 국제공항에서 일본 항공기JAL를 탔다. 비행기 탑승 요금을 할인해 주고 한국인을 일본에서 묶게 해서 관광을 하도록 유인하고 또 도쿄 옆에 있는 나리타成田공항에 있는 호텔에서 자게 했다. 탑승자가 절반도 못 찼다. 승무원 여자가 우리나라 비행기에 비해 나이가 먹어 보였다. 점심으로 기내식이 나오는데 깔끔한 음식에 적게 나오는 양의 특징인 일본 메뉴에 와인도 맥주도 친절히 주었다.

지난 4월에 서울 여의도에서 일본식 회전 초밥을 먹은 일이 있었다. 이번에는 밤에 나리타 뒷골목에서 고정 초밥 집에 들렀는데 말이 안 통하니 손짓 언어로 초밥을 시켜 먹었다. 서울여의도에서도 반시간쯤인가 기다려 순서를 찾아 먹었는데 이 곳 나리타에서도 출입구 바로 앞에서 차례로 줄을 서서 기다려 식사를 했는데 값은 배 이상 비쌌다. 회전초밥은 가만히 앉아 있으면 여러 종류의 초밥이 앞을 지나가 골라 마음껏 먹는 형식이고 고정초밥은 주문해서 몇 가지만 골라 먹는 메뉴다. 아들이 일본식 초밥을 좋아해 여의도에서도, 나리타에서도 따라갔다. 일본 여행이 서너 번째 되는데 이번에는 여유 있고 딴 데 신경 쓸 일 적으니 시간 넉넉히 즐겼다.

몇 년 전에 호주와 뉴질랜드 갔을 때 오른쪽 좌석 운전대, 자동차 좌측통행 때와 일본 땅을 밟았을 때 그것이 또 새삼 혼돈되었다. 아침에 일어나니 시차는 없는데 해가 1시간 일찍 뜨니 그것도 변화였다. 한자어 간판에 일본어를 모르는 나도 어느 정도 이해되는 게 적지 않았다. 어제는 나리타에서 내려 바로 호텔로 갔다가 나와, 시내를 돌아 다녔지만 오늘은 런던 가는 비행기를 타기 위해 호텔에서 비행장까지 다니는 셔틀 버스를 타고 일찍 나왔기에 나리타공항을 여유를 가지고 두루 구경했다. 우리의 인천공항은 세계에서 8년째 우수공항으로 표창 받은 공항이고 나리타보다 깨끗하고 신선하다.

그런데 나리타공항에서는 모든 안내가 맨 앞에 일본 그리고 미국, 중국 한국 4개국 순서 언어로만 안내되어 있었다.(일본 입장에서는 당연하지만) 그리고 나리타 공항을 이륙해 영국 런던으로 가는 비행기 안에서는 일어와 영어로만 안내 방송이 나왔다. 이번 운행하는 비행기는 일본과 영국을 왕래하는 것이지만 두 나라가 같이 운영한다는 설명이었다.

그리고 스위스 알프스 산 3454m 되는 융프라우에 올랐을 때는 한국어로 설명해 주는데 가슴이 뿌듯했다. 영국에 갔을 때는 10개국 정도의 안내문 중에 일본은 포함되어 일장기가 보이는데 한국기가 없으니 기가 죽었다. 일본, 호주, 영국 등 섬나라는 자동차 운전석도 오른쪽이고 유대도 긴밀함을 보였다.

프랑스의 바다 위의 성곽인 몽 생 미셸에서는 관광을 하는데 절반의 관광객이 일본인처럼 많았다. 난 풀이 죽어 있었다. 한참 지나다 보니 나에게 기운을 나게 해 주려는 듯 한국 관광객이 뭉쳐 다녔다. 처음에 볼 때는 일본어 설명이 곳곳에 보였는데 나중에 중간 쯤 지나다보니 한국어로 된 안내가 고정된 안내가 아니라 매직으로 써진 한글 안내가 보였다.

유럽 관광 중 동양인 중에 인도인도 많았으나 인도인은 쉽게 인종을 구별할 수 있는데 중국인 일본인, 한국인은 구분이 잘 안 될 때가 있다. 그럴 때는 옆에 가까이 붙어서 가며 대화를 들어서 구분했다. 유럽에서 처음에는 한국말을 하기에 반가워 말을 걸곤 했는데 우리 아들이 말하길 말을 걸면 처음 여행 왔는가? 촌스럽다고 한다고 하기에 그만 두었다.

영국 맨체스터 축구장을 구경하며 박지성의 사진을 손으로 만져보며 퍼거슨 감독의 은퇴기념 전시장을 한참 동안 돌아보고 리버풀에 들려 '비틀즈 스토리'를 보는데 일본 홍보 책자가 보였다. 나리타 공항에서 런던 히스로 공항까지는 12시간이 걸렸다. 아침에 윈저 성windsor castle, 그리고 국회의사당, 버킹검, 제임스 공원, 케임브리지, 맨체스터, 리버풀, 요오크 다 구경하고 감동하고 좋았는데 문제는 날씨였다. 여름 날씨라고 해서 여름 옷 반팔 등 가볍게 준비하고 갔는데 이상 기온으로 수십 년 만에 처음 5월인데도 겨울 날씨에다가 비가 계속 나리고 있었다. 거기다 물가는 왜 이리 비싼가? 세계에서 런던이 물가 비싸기로 일등이란다.

영국을 빨리 떠나고 싶었다. 떠나면 프랑스나 이태리, 독일에 가면 춥지도 않고 비도 안 오겠지 생각했다. 영국에서 빌린 피아트 차를 반납하고 프랑스로 가야겠다고 서둘렀다. 그런데 끝까지 말썽이었다. 프랑스로 가는 비행기 예약시간이 임박하는데 반납하는 차고를 찾느라 1시간을 헤매다가 결국 비행기를 놓치고 영국에서 일박을 더 할 수밖에 없었다.

일본에서 본 안내문이 여행 내내 내 뇌리를 맴돌고 있었기 때문인 것 같다. 그렇게 좋고 아름다운 영국을 빨리 떠나고 싶고 미워지는 것도 그래서 그런가 생각됐다.

일본은 아시아에 있는, 유럽에 있는 나라들과 미국과 같은 선진국이다. 외국에 나가면 애국자가 되는가 싶다. 미국 중국 일본 한국의 관계가 미묘하게 돌아간다. 거기다가 북한의 관계까지. 우리의 박 대통령이 미국과 중국을 부지런히 돌아다닌다. 우리는 일본과 사이가 안 좋고 중국과 일본과도 마찬가지다. 미국은 이 사이에서 난처한 입장이다. 북한이 핵무장의 입장을 바꾸고 경제에 치중하여 먼 날에 통일을 이뤄 일본의 진정한 사과를 받아내고 우리 조국 한국이 더 발전하는 나라가 되길 바랐다. 그래도 한국은 살기 좋은 우리의 영원한 조국이다.

시리아의 추억

몇 년 전, 아침 7시에 잠을 깼다. 시리아의 수도 다마스커스Damascus의 한 호텔에서 아내와 아들과 같이 자다가 들으니 비가 오고 번개가 치는 듯 했다. 그런데 비는 오기는 오는데 처음에는 번개 치는 소리로 잠결에 언뜻 들었는데 그 소리가 반복해서 들리고 자세히 들으니 그 소리는 번개 치는 소리가 아니라 대포소리였다. 깜짝 놀랐다. 이아침에 대포소리라니 이 무슨 날벼락인가? 방 안에 있는 TV를 켰다. 알아듣지 못하는 아랍어가 나오고 여자 아나운서가 뉴스인가 무엇인가를 남자 아나운서와 교대해서 전하고 있었다. 조금 있으니 시리아 정부 대표들이 모여 회의인 듯 의논하는 모습같이 보이고 있었다.

젊은 대통령의 모습도 보였다.

요르단에서 시리아로 넘어올 때 입국 수속을 할 때 보니까 국경지역에 큰 사진으로 두 사람의 얼굴이 보였다. 한 분은 나이가 많고 좀 인자해 보이고 한 분은 젊고 눈매가 매섭고 날카로워 보였다. 누구냐고 물으니 나이 많은 분은 전직 대통령인 아버지이고 젊은 사람은 현직 대통령인 아들이 나란히 있는 것이라고 했다. 전에는 국경을 넘어 비자 신청 시 굉장히 까다롭고 어려웠다고 한다. 북한과는 가깝고 국교가 맺어졌으나 우리와는 비수교국이기에 그랬으나 세습제로 요사이 젊은 대통령이 등장하여 사회주의 국가형태는 계속 유지하지만 전에 비해 모든 것이 자유스러워졌다는 소식이었다. 그 사진을 보았기에 TV에 나오는 대통령도 그냥 알 수 있었다. 그런 대통령이 각료들을 모아 놓고 이야기하고 있고 대포 소리가 쉬지 않고 계속 들리니 이건 분명히 전쟁이 일어난 것이 아닌가 생각되었다. 어릴 때 고향에서 6.25때 멀리서 들리는 따발총 생각이 났다.

미국 부시 대통령이 시리아를 악의 축 나라로 규정하고 북한, 이란 등과같이 경계하고 있는 상황을 알고 있는 지식이었다. 이거 큰일 났다고 순간 생각되었다. 귀국할 수 있을지도 모르고, 한다고 해도 어려움이 생기고 시간이 오래 걸리는가 하는 공포심이 생겼다. 나와 아내야 좀 늦게 귀국해도 되지만 아들은 직장 때문에 귀국이 늦으면, 얼마동안 쉬다가 어렵게 얻은 새 직장 인데 늦거나 어쩐 일이 생기면 큰일 아닌가? 재정 컨설팅 프리랜서 직업이다.

우리가 묵은 방이 6층이고 프런트는 1층이어서 내려가서 물을까 하다가 아니다 전화기가 있으니 전화로 한 번 물어보자 했으나 처음 방을 예약할 때 영어로나 겨우 의사소통이 되기에 그것도 어렵다고 생각되었었다. 아내가 영어선생이었으니 잘할 듯도 한데 영 통하지 않는 경우가 많았다. 나는 외국에 나가면 영어만 제대로 하면 의사소통이 되리라 쉽게 생각했는데 그게 아니었다. 유럽이나 미국, 호주, 필리핀 등지는 영어가 주로 쓰이니 쉽겠지만 우리가 여행하는 터키, 이집트, 요르단, 시리아는 통하지가 않았다. 특히나 요르단과 시리아는 더욱 어려운 것 같았다. 터키나 이집트에서는 서양 사람들을 관광지에서 많이 만날 수 있었다. 그런데 요르단이나 시리아에서는 본 기억이 없다.

오마이야드Omayyad사원에서 만난 서양 부부 같은 사람은 사진을 찍어주고, 찍어달라고 하며 비가 내리는 중에도 만났는데 러시아 노인 부부였다. 반갑다고 North Korea냐 South Korea냐 물으며 기념이라며 러시아 동전 작은 것 중 노란색 하나와 하얀색 두 개를 주었다. 우리도 답례를 하려고 했으나 그때는 아들이 따라오지 않고 우리 부부만 잠깐 다니다 만났기에 돈 관리하는 사람이 없기에 이 곳 시리아 작은 돈도 한국 돈은 더구나 없기에 줄 수 없었다. 우리 돈 10원, 100원 짜리를 가지고 다니며 외국사람 만나면 큰 돈 아니니 기념으로 주는 것도 괜찮겠다 싶었다.

서양의 관광객이 대개는 웬만한 좋은 경치이면 몰려 있는데 이곳에서는 없는 것이 사회주의국가이고 미국과 사이가 안 좋으니 오해받아 어려움을 받을까 해서 그런가 생각도 되었다.

네 나라 중 터키나 이집트는 여러 가지 면에서 우리가 인식되어 있고 생소하지가 않다. 그러나 요르단이나 시리아는 더욱 모르고 기대도 덜한 나라였다. 그리스를 못 가고 이런 나라 계획을 세웠나 물어 보기도 했다. 그런데 요르단으로 들어서며 밤이었지만 이집트나 터키보다 도로가 깨끗이 정비되고 교통신호며 중앙선이 확 달라 보였다. 특히나 함부로 마구 쓸 수 없는 돈이기에 바가지를 씌우는데 이집트에서 받은 느낌은 좋지 않았다.

그런데 이제 우리가 국교도 맺어지지 않고 사회주의 국가에서 생길 일들이 끔찍하게 연상되기 이르렀다. 전화도 못하고 속 시원히 상황을 물어 볼 수도 없고 불길한 시간이 흘렀다. TV는 계속 주시하여 보았다. 옆에서 아내와 아들은 정신없이 자고 있다. 처음엔 급한 일로 회의를 하는 것 같은데 조금 있으니 분위기가 달라져 대통령이 일어나서 여러 사람들과 악수를 하고 태도가 유연해지자 이것은 새해가 되어 인사를 하는가보다 하고 생각이 바뀌어 졌다. 대포 소리는 계속해서 간간히 울렸다.

어제 밤에 사원에서 만난 서울에서 온 여교사의 말이 생각났다. 지금 이렇게 시외버스 차편이 구하기 힘든 것은 시리아의 경축 기간이기에 국민들의 이동이 심하기 때문이라는 말이 언뜻 떠올랐다. 우리나라 설명절, 추석명절이라는 설명이다.

조금 있으니 TV에서 국가 전통음악이 울리고 명절축하기념 각종 특별프로가 이어졌다. 착각 속에서 불안해 하던 얼마 동안이었다.

두 대통령 사진은 아버지 하페즈 알 아사드(1930 -2000)와, 아들 바샤르 알 아사드(50세)이었다. 아버지가 죽고 아들이 집권해 부자가 장기 집권하는 나라이었다.

2011년 3월에 발발한 정부군과 반군 내전으로 지금까지 22만 명이 숨졌고 난민으로 총인구 2300만 명의 절반이 넘는 1160여만 명이 헤매고 이중 400만 명 이상이 국경을 넘어 터키와 레바논 요르단 등 이웃나라와 세계 각국으로 떠났다고 한다. 거기다가 시리아와 이라크가 IS(이슬람 국가)의 본거지가 되어 엎친 데 덮친 격이 되어 생지옥이라니 많은 생각이 떠올랐다.

북한과 대치하고 있는 우리도 만약 전쟁이 터진다면 시리아 같은 꼴을 당할까 모른다 생각하니 아찔하다. 우리는 어느 나라의 난민으로 갈까? 생각하기도 싫다. 시리아 난민을 유럽에서는 독일이 앞장서서 받아들인다고 한다. 일본과 우리나라에도 시리아 난민이 왔는데 처리에 소극적이고 대책이 서 있지 않아 어려움을 겪는 경우를 알았다.

나는 우리의 6,25사변을 아주 어릴 때 겪어 전쟁이 무엇인 지 느끼고 분별하지 못하고 유치장에 갇혔던 인사들이 총에 맞아 비참하게 죽어, 가마니에 덮혀 있는 것을 보고 무서움을 느끼고 도망갔지만 가족이나 친척이 당했다면 어쩌겠는가? 지금 시리아에는 내가 몇 년 전에 깜짝 놀랐던 축하의 대포 소리가 아닌 전쟁의 대포 소리가 계속 들릴 것이다. 우리의 6.25 보다 더 몇 배 참혹한 시리아를 보니 우리의 현실이 염려되고 안타까움을 느꼈다. 한반도에 전쟁은 다시 일어나지 않아야 한다고 새삼 생각되었다.

아들, 아내와 같이 중동 4개국18일간 배낭여행기

(터키, 이집트, 시리아, 요르단)

12월 29일

터키, 이집트, 요르단, 시리아 배낭여행을 가기 위해 전주에서 오후 1시에 출발하였다.

서울에서 자고 아침 일찍 인천 공항에서 가야 한다. 국내, 국외 여행을 몇 번 다녔지만 이번에 가는 해외여행은 좀 남다르다. 기간도 15일 이상이고 특별히 여행사에 의뢰해서 가지 않고 우리의 의사로 가고 자고 머무를 계획이기 때문이다.

갑자기 아들의 권유에 의해 가기로 했기에 준비 기간도 적어 12월 28, 29일 오전에야 마음도 결정하고 준비도 하였고 이후에는 이런 좋은 기회를 잡기가 어려운 직장 형편 때문이었다.(아들이 대기업의 재정 프리랜서- 비전속인, 자유계약자-이기에 한 프로젝트가 끝나면 휴가기간 여행 다니는 취미가 있다.) 옷 준비가 여러 가지로 생각을 어렵게 했다. 나라가 다르고 지역도 다르니 기후가 다를 테니 거기에 따른 준비를 하려니 간단하지가 않았다. 그러나 우리의 생활과 다르고 색다른 나라로 여행을 간다는 것은 마음 설레고 즐거운 일이다.

작은 아들이 지난 5월에 중국, 인도, 이란, 네팔 등에 배낭여행을 다녀왔기에 우리 부부는 배우며 따라가는 형태이다. 몇 년 전에도 3개월 동안의 유럽여행을 다녀왔기에 배낭여행에는 일가견이 있기에 마음 놓고 따라가는 것이다. 인터넷과 책을 보고 알아서 신청하고 돈만 지불하면 되었다. 큰 배낭에 세면도구, 겉옷, 속옷, 모자. 책, 작은 배낭에 수첩, 필기구, 지갑, 여행안내 책, 약품, 휴지, 여권, 카드 등을 준비 했다, 내일아침 4시에 일어나서 9시에 비행기를 타려면 일찍 자야 했다.

12월 30일 – 싱가폴

모닝콜로 04시에 맞춰 놓고 자다 깨었으나 밤 11시 넘어 잔 잠은 부족했다.

준비 후 식사하고 05시에 집을 나섰다. 서울대역 앞 사거리에서 인천공항 가는 차를 탔다. 서울에서 인천까지 작년에는 6,500원이었는데 일년 사이에 7,500원으로 올랐었다. 버스 맨 앞자리에 앉아 인천공항으로 가는 사람들의 면면이 보아졌다. 인천공항에 가서 비행기 타고 외국 가는 사람 혹은 공항 근무자로 분류 할 것 같다. 근무자는 매일 가기에 습관적으로 완벽하게 카드로 결재 하도록 하나 어떤 사람은 차를 탄 후 돈을 찾고 서두르는 모습이 가관이었다. 국민카드만 사용 가능한다고 하니 그랬다. 꼭두새벽부터 모두가 바빴다.

시간이 06시가 안 되었으니 평소 나는 항상 편히 잠자는 시간 아니야!

풍요롭지 못해도 그냥 시간 여유 가지고 살아야 할까, 아니 생존경쟁에 적극적으로 뛰어 들어 정신없이 뛰고 달리고 경쟁대열에서 시달려야 하나? 먹고 살고 대충 즐기며 평범하게 살까, 생각해 보는 아침이었다. 우리들이야 퇴직하고 한가하게 해외 여행가는 입장이니 그런 대열이 아니지만 말이다.

09시 57분 인천공항 출발, 싱가포르 행 좁은 공간에 앉아 옆에 버튼을 조정해 노래를 듣는데, 쉬지 않고 왔다 갔다 하는 스튜어디스의 수고에 감사를 해야 했다. 식사도 주고 커피도 주고 나는 맥주와 와인을 두 번 마셨다. 한 달에 6, 7번 근무한다는데 엄청 힘들겠다고 생각됐다. 우리는 편히 앉아 책 읽고 노래듣고 잠자는데 스튜어디스는 계속 돌아 다녔다.

비행기에서 내려다 본 구름은 정말 맑고 하얗고 형형색색의 모습이었다. 눈덩이 같은 구름의 모습이 금강산의 바위 모습보다 더 다양하게 각양각색의 모습으로 뭉쳐져 있다. 금강산에서 본 바위의 모습과 비행기 창밖으로 본 구름의 모습은 눈덩이와 바위의 대비 같았다. 자연이 만든 바위의 형형색색, 눈덩이 같은 구름의 모습 둘 다 아름다움을 새삼 느꼈다. 비행기가 옆으로 기울어지니 바다와 산과 들 그리고 도시가 잠깐 보였다가 안 보였다가 했다.

싱가포르에 오후 4시10분 쯤 도착했다 (현지시간 3시10분).

Singapore 공항에서 내려 2시간 기다리며, 기다리는 시간에 관광을 했다.

나무를 심으면 베지 않고 그냥 자라게만 두는 나라, 건물을 지으면 대형으로 짓고 아담하게 짓는다. 물가이든 산이든 길이든 종이 하나 떨어지지 않은 나라. 죽은 나무도 보이지 않았다. 쓰레기가 안 보이는 이상한 나라인 듯. 운전석이 오른쪽에 있어서 우리와 달라 이질감이 있기도 했다. 제주도 보다 작은 나라. 현대 문화로만 발달한 잠재력 및 성장 1위 나라, 고전적인 관광물은 구경 못 했다. 통통배를 타고 30분 정도, 시가지 30분 무료 관광을 마치고 다시 공항으로 되돌아와 두바이에 가는 비행기를 기다리고 있다. 싱가포르에서 두바이 공항까지 8시간 걸렸다. 이스탄불까지 직행이 아니고 두바이에서 내려 또 갈아타야 한단다.

비행기 항공료를 절약하려고 직행이 아니고 완행인 것이다.

머라이언 공원(머리는 사자, 몸은 물고기상이 있는 공원)

한국에서도 부산, 대구 가는 차표를 몇 번이나 직접 사 보았던가? 하물며 해외여행 가는데 지금까지 직장이든 사회든 그냥 따라만 갔지 내가 일본, 중국, 동남아 가는데 표를 사고 행선지에 관심이 있었던 때가 한 번 없었다. 그냥 가이드가 가자면 따라가고 밥 먹고 자고 했으니 무얼 알겠는가? 안내 방송을 알아들을 수 있나 눈치코치로 해야 했고 아들이 하지만 가이드 보다야 전문적이 아니고 가이드도 같은 코스를 반복하니 그렇지, 행선지가 자주 바뀌면 서툴고 가끔 헤맬 것이라 생각됐다 .

12월 31일 – 터키 관광

한국 시간 오전11시 20분 두바이에서 이스탄불로 가는 비행기 안이다.주위 사람들 모두 잠을 잔다. 사실은 우리가 한 칸 맨 앞에 자리 했는데 탑승원이 7명뿐이다. 아내도 아들도 자고 있다. Singapore에서 Istanbul까지 같이 가는 아기를 데리고 가는 아줌마가 있었다. 국적은 모르겠고 동양인임은 확실한 듯, 그 아줌마가 데리고 가는 아기가 울고 칭얼대는 바람에 나는 잠이 깨었다. 좌우로 세 좌석이 붙어 있는데 칸막이 받침대를 위로 올리고 자다가 일어났다 빈자리가 많으니 아내도 아들도 옆으로 뒤로 가서 침대를 만들어 모두 자고 있다.

나같이 마마보이 같이 안내자의 뒤만 졸졸 따라 다닌 사람이 필요한 여행 안내기에는 요금이 얼마, 어디에서 어디가고 식사는 어디에서 하는 것은 절실히 필요 없었으나 이제 가이드가 없이 알아서 선정하고 계획 짜는 경우는 이런 내용들이 무엇보다 필요할 것 같다.

앞으로 배낭여행을 해보자고 생각을 하면 내 처지로는 초보자로 전문적인 여행 요령을 이제 조금씩 배우고 익혀야 한다. 다시 말하면 가이드가 있는 여행과 없는 여행, Singapore에서 무료 관광을 하는데 모두 영어로만 계속하니 얼마나 알아듣겠는가? 배낭여행 아닌 여행사 위촉 여행은 가이드가 한국말로 친절히 해주니 무엇이 걱정인가? 배낭여행 요령을 배워야겠다는 생각이 든다. 이번에 아들한테 배우는 것이다.

아들이 갑자기 어디로 말없이 가버리기 시작했다. 찾아오라고. 영어로 써져 있는 건 대충 알겠는데 방송(영어로)은 못 알아들으니 눈치나 이웃 여행자들이 하는걸 보고 따라하는 법을 배워야 하겠다. 경험이 중요함을 다시 느끼는 기회다. 비행기 타는 요령 하나하나도 알아야겠다. 많이 이용한 사람이야 기본이겠지만 처음 이륙할 때는 꼭 안전벨트, 자세, 의자 바르게, 식사대 등을 제자리에 두고 이륙 후에는 어찌하든 상관 않는 인상이었으니 알아야겠다. 마찬가지로 착륙 시에도 똑같이 그랬다.

식사가 너무 자주 나오고 먹을 것이 많았다. 선진국 싱가포르 비행기이니 그런지 모르겠다. 아들이 산 여행기 중에 한비야(58년생) 것과 서울 모 고교에서 이순 나이 지날 때까지 근무했다는 김종년씨, 두 분의 여행기가 비교 되었다. 한비야씨의 것은 이야기 중심에다가 배낭여행을 할 수 있게 요약 형이 많고, 김종년 교원의 여행기는 역사, 지리적으로 해설 및 전문가적 입장의 안내기였다.

터키에 도착하여 구경하기 시작했다. 톱 카피Topkapi 궁전을 찾았다.

톱 카피Topkapi 궁전

입장료가 우리 돈으로 2만원이었다. 오스만제국의 24명의 술탄(황제)과 그의 가족들, 그리고 궁녀와 하인들이 1478-1853년까지 약400여 년간 사용하였던 궁전으로 정치와 문화의 중심지였다. 가장 뛰어난 비종교적 건물로 손꼽히며 소장된 유물이 8만6천여 점으로 세계적인 박물관으로의 명성을 얻고 있어 연중 250만여 명의 관광객이 찾아올 정도로 유명한 볼거리이었다.

금각만과 마르마라해를 마주하고 보스프러스 해협이 내려다보이는 언덕 위에 세워져 있었다. 관심을 많이 끄는 곳은 보석관으로 세계에서 세 번째로 큰 86캐럿짜리 다이아몬드와 커다란 에메랄드가 박혀있는

단검 등이 전시되어 있었다.

오후에는 시내 관광을 나섰다. 갈라타 타워에 올라가 이스탄불을 내려다보니 잘 보였다. 10층 정도 높이다. 내려와 시장을 구경하였다. 우리나라 분식집 같은 큰 빵집에 들어가서 빵으로 저녁을 먹었다.

시장을 돌아다니니 우리를 보고 한국인이냐 일본인이냐 묻는 경우가 많았는데 인사말로 "안녕 하세요"혹은 "오하요오 고자이마스"등을 말해 확인했다. 우리가 안녕 하세요하고 말하니 누군가는 "꼬레아"를 외쳤다. 월드컵 경기 때 응원하는 모습이 인상적이었나? 그때 모습과 소리를 외쳐댔다.

밤에까지 돌아 다녔는데 한국 사람을 상당히 많이 만났다 .밤엔 공원에서 부산에서 온 대학생도 만났다. 시장구경도 하고 터키의 유럽 땅에서 아시아를 오가는 배를 타보기도 했다. 아마 유럽에 살며 직장생활은 바다 건너서 하기에 통근 배인 듯싶다. 군산에서 장항을 오가는 배와 같았다.

1월 1일 – 터키 관광

신년 새해를 터키에서 맞이했다. 아침에 일어나서 9시에 아야 소피아 Aya Sofya박물관을 관람하기 위해 준비했다.

아야 소피아에 첫 번째 손님으로 들어갔다. 서울에서 온 여자 대학생 두 사람을 만났다. 한국인이 많다는 걸 느꼈는데 또 만나 반가웠다. 그런데 한참 있으니 일본인들이 무리를 지어 두 팀이 와서 가이드한테 설명을 듣고 있었다. 옆에 왔다 갔다 하며 일본 사람을 구경했다. 어제

아야 소피아 성당

는 한국인이 제일 많다고 했는데 일본인이 많으니 마음이 안 좋았으나 조금 있으니 4,5명의 한국 중학생이 몰려다니고, 서울 모두투어 관광객들이 보였다. 서울, 경기, 전남 등 중학생들 중에서 모집하여 터키 이곳 아야소피아까지 왔다고 했다. 서울에서 온 두 여자 대학생과 우리 식구들은 한동안 같이 다녔다.

약 200m 거리에 있는 블루 모스크Blue Mosque에서 높은 천장과 벽의 아름다운 그림과 이슬람교식의 예배에 혼이 빠져 아내가 돋보기를 잊었다고 해서 두 번이나 들어갔었다. 광장 홀에 들어가기 위해서는 모두 신을 벗어 비닐봉지에 넣어 들고 다녔다.

블루 모스크

옆에 아야소피아는 입장료가 2만원 가까이 됐는데 이쪽 블루 모스크는 입장료가 없다. 두 군데를 합친 금액 같다. 결국 두 군데를 다 볼 테니 따로따로 지불하기보다 한 곳에서 아예 받는 게 나은지 모르겠다.

아야소피아는, 신성한 지혜라는 뜻을 가진 비잔틴 건축의 최고 걸작일 뿐만 아니라 예술성이 매우 뛰어난 현존하는 가장 오래된 사원이란다. 모자이크 벽화가 온 성당을 뒤덮고 있었다. 남쪽 복도 계단 서쪽에 있는 성화는 특히 유명한데 중앙에는 예수 그리스도, 왼쪽에는 성모마리아, 오른쪽에는 세례자 요한이 그려져 있었다. 그 중에서도 예수그리스도의 얼굴이 너무나도 인간적이었다.

술탄 아흐메트 1세는 기독교의 아야소피아 사원 맞은편 약 200m 거리에 이슬람의 블루 모스크Blue Mosque를 아야소피아보다 더 큰 규모로 짓도록 명령했단다. 이 사원은 위대한 건축가 시난의 제자였던 메호멧 아가에 의해 1609년에 착공하여 17년 만에 완성된 오스만제국을 대표하는 고전 건축물이란다.

1월 2일

호텔이라고 하나 낡은 집이다. 5층으로 된 고가이다 . 건축한 지가 50년이 넘어보였고 시설 중에 사용하는 건물이 1/3도 안되고 문이나 계단이 지저분하다. 엘리베이터도 없어서 걸어 다니니 다리가 아팠다. 어제는 많이 걸었기에 더욱 그랬다. 출입문이 망가진 곳이 이곳저곳에 보이고 우리가 사용하는 5층 401호도 문이 제대로 닫기에 힘들고 밖에 있는 화장실은 닫히지 않고 새로 만든 걸이게도 닫아야 겨우 닫힌다. 손잡이 부분이 망가졌다.

아침식사에 빵과 우유를 주어 식사를 하고 호텔 문을 나섰다. 요르단 가는 기차를 예약하기 위해서였다. 역에서 이곳저곳을 다니며 묻고 또 묻고 한 시간 가량 헤매다 알아 낸 곳에서는 1등 칸이나 입석뿐이어서 예약을 미루고 미로 같은 길을 헤매 나왔다. 새로 건설한 전철을 탔는데 서울 메트로와 같았다. 시설도 좋고 다니다보면 아라비아 숫자로 표지된 곳이 적은데 (아랍 숫자 주로 사용) 이곳 전철은 영어로 지명까지 자세히 표기되어 편했다.

요르단 대사관을 찾아 요르단 입국 비자를 내기로 했다. 문서를 작성하고 1시까지 기다리라고 해서 여행안내문, 기행문을 읽으며 기다렸다. 중간에 화장실에 가려고 화장실을 찾았으나 옆에 없어 밖으로 나와 주위를 살폈으나 변변한 화장실이 없어 한참을 헤매다가 겨우 해결했다. 'Where is the rest room, plese'를 못 알아듣는 지 진짜 화장실이 주위에 없는지, 내 발음이 엉터리인지 모르겠더라. 요르단 대사관 주변에는 총을 맨 병사와 경찰이 곳곳에 지키고 있었고 대사관에 들어갈 때도 나갔다가 다시 들어 갈 때도 가방을 뒤지고 윗옷을 벗고 혁대, 시계까지 풀어놓고 검색을 받아야 했다. 1시까지 기다라던 완료시간이 50분이 넘어서야 완료도장이 찍혀져 호명하여 여권책자를 찾았다. 사람이 좁은 사무실에 꽉 차 기다리고 기다리는 동안 의자도 부족하여 비는 의자는 순식간에 차지하였다.

오전을 기차표 예약하고(헛탕 쳤지만) 요르단 비자 내는데 시간을 다 보냈다. 2~3시간 기다리기 지루하고 힘들었는데 아들은 전에 이란에서 여권을 분실해서 일주일을 대사관에 드나들었다 하니 얼마나 힘들었겠는가? 힘 드는 일 몇 가지를 보더니 그냥 패키지여행이 좋겠다고 참지 못하고 푸념이다.

2시 40분 되어서야 한국인이 운영하는 레스토랑에 들어가서 오랜만에 만찬을 했다. 불고기, 잡채, 돌솥밥에다 참이슬까지 마셨다. 우리식 식사는 30일 서울에서 싱가폴 가는 기내식 후 처음이었다. 레스토랑 입구에서 아들이 이란에서 고생할 때 도와준 한국 의사 부부를 만났다. 의사 생활을 쉬고 여행을 다닌다고 하니 이해가 안 되었다.

배가 부르고 소주 한잔 한 좋은 기분으로 이집트 국립 고고학 박물관을 찾았다. 입장료가 8000원이다. 1층, 2층에 진열된 유품이 엄청나게 많았다. 관람시간을 2시간 반쯤 잡았다. 우리식구 셋이 처음에 같이 다니다가 헤어져 개별로 열심히 구경했다.

어찌나 사람이 많은지 사람 찾기는 보통 일이 아니었다. 유물에 관심이 적어서인지 제대로 보자면 하루가 더 걸린다고 했지만 2시간 부지런히 다니며 구경하니 다리도 아프고 힘들었다. 입구에 들어서니 카메라 소지 여부를 조사했다. 사진을 전혀 못 찍게 했다.

투탕카멘의 황금마스크가 있어 유명하다고 했다. 나도 처음에 보고 다시 보았다. 사람들이 내내 몰려드는 곳이었다. 1층, 2층으로 되었는데 1층에는 고왕국(B.C 3100~2000), 중왕국(B.C 2000~1570), 신왕국(B.C 1570~1057) 등의 시대 순으로 진열되었고 2층에는 미라관으로 미라와 함께 미라를 만들던 장비들도 전시되어 있었다.

1922년 11월 4일에 룩소르의 왕가의 계곡에서 발견된 투탕카멘의 왕의 황금마스크 역할이 큰 셈이었다.

진열된 유품이 3만이고(공개) 소장 유물은 12만점이란다. 카이로의 국립고고학박물관은 이집트 전역에서 출토한 유물을 모아 논 세계 3대 박물관 중의 하나란다.

7시까지 보자고 했으나 너무 지루해서 6시에 나와 카이로의 나일 강가를 지나며 야경을 구경하였다. 유람선에서 보이는 별 모양의 불빛 등이 아름다워 cairo tower에 오르기로 했다. 음료수까지 같이 계산해서 13,000원쯤 주고 즐겁게 마시며 야경을 구경했다. 서울tower에서 한강을 내려다보는 기분이나 비슷했다.

숙소에 오니 9시경이 되었다.

이집트에 입국해서(입국수속은 cairo 공항에서 15달러 주고 처리) 아들이 엄마에게 히잡을 써야 하고 쓰지 않으면 경찰한테 걸린다고 걱정을 했다. 그래 어디 파는 곳 있나 하고 찾았으나 없기에 유념하고 공항을 빠져나왔는데 시내에 다녀보니 안 쓰고 다니는 사람이 40%는 되어 보였다. 요르단 대사관에서 본 여인이 쓴 히잡이 진짜로 제대로 된 복장으로 겨우 정말 두 눈만 보이고 검은색으로 콧등을 가리는 선까지 보였고, 검정색이었으니 진수를 본 듯 했다. 카이로 시내에서 두 사람쯤 본 듯하다.

신호등이 효용이 없었다. 횡단보도도 제 구실을 못하고 차가 씽씽 다녀도 그 사이로 비집고 행인들이 우르르 건너갔다. 로마에 가면 로마법을 따르라는 말같이 우리도 따르려고 좌우로 오는 차를 보며 지나가려고 했으나 처음이라 힘들었다. 궁리 끝에 이곳 사람을 빨리 따라 건너곤 했다. 우리가 보기엔 무질서하고 엉망이나 다 그랬다.

교통사고 통계에 우리나라 보다 그래도 적다고 하니 어디가 좋은 제도인지 헷갈렸다.

빵빵하고 울리는 경적은 계속 귀를 따갑게 했다. 계속 울려댔다.

지나가는 차들의 2/3는 폐차장행 감이었다고 느꼈다. 수리나 페인트칠이 엉망인 차가 대부분이고 현대, 대우 차가 가끔 보였는데 그래도 한국에서 온 차는 양반이었다. 상태가 아주 좋은 차를 찾다 보니 대우, 현대 차종이었다. 국민소득이 1,000달러도 안되고 3%의 사람이 국민경제를 이끈다고 한다.

1월 3일 –이집트 관광

호텔(Berlin)에서 주는 빵과 달걀, 홍차와 집에서 가져간 파김치에 식사를 했다.

아스완과 룩소르에 가서 관광을 하려고 어제 식사를 맛있게 한 구룡각을 찾아가서 가는 방법을 알아보기로 했다. 어제 기차표로 버스도 어렵기에 차를 빌릴 수 있으면 빌리던가 별 수 없이 돈이 많이 들어도 택시라도 타고 가려고 했다. 한국인이 운영하는 차가 있다고 하기에 다시 숙소로 와서 짐을 챙겨 구룡각에 간 시간이 점심때가 다 되었다. 확실히 차를 이용할 수 있을 지 기다리라는 전갈 때문에 1시가 넘게 기다리며 구룡각

피라미드 옆 낙타를 타고

에서 간단히 점심을 했다. 학생이 이용하는(20Pound. 2인용) 식사였다.

다시 확인하니 차를 주선했으나 어렵다는 전갈을 늦게 알고 포기했다. 짐을 구룡각에 맡기고 가까이 있는 스핑크스와 피라미드를 먼저 보기로 하고 헤매다가 택시를 이용하기로 했다.

갔다 오기까지 50Pound, 그냥 피라미드와 스핑크스만 보는 게 아니라 거기에 말이나 낙타, 말이 끄는 수레, 조랑말 등을 한 가지 타야 했었다. 사막을 가야 하니 말이다.

처음으로 낙타를 타보기로 했다. 말을 몇 번 타 봤다. 제주도에 가서도 학생 극기 훈련장에서도 경험이 있는데 낙타는 처음이어서 욕심이 생겼다. 큰 낙타와 작은 낙타가 있는데 세 식구는 작은 낙타 세 마리에 각각, 낙타 인도자 한 사람, 말하고 안내하는 책임자, 5인이 한 조가 되어 사막을 거쳐 피라미드와 스핑크스를 직접 구경하는 영광의 기회를 가졌다.

그림, 사진, 영상으로 보기는 했지만 광활한 사막에 낙타를 타는 모습을 사진에 많이 남겼다. 피라미드는 3개가 있는데 가운데 있는 속까지 기어들어가 보았다. 안에 별 것은 없고 했지만 별도 금액을 지불하고 들어가 보았다.

세계 8대 불가사의라고 한다는데 과연 그랬다.

어떻게 이 거대한 피라미드를 쌓았을까? 무지무지한 노동력을 동원해서 상상이 안 되니 불가사의겠지. 스핑크스도 100m 앞에서 보았다. 옛날 사진에서 보았을 때 보다 코가 부서졌었다. 실제 보니 조금 실망스럽기도 했다. 멀리서 쳐다본 사막은 깨끗한 모래벌판이었으나 가까이 가서 본 사막의 모습은 인간들에 의해 훼손된 상태이었다. 부대시설이 없고 영화에서 보이는 막막하고 넓은 낭만적인 모습은 조금씩 사라질까 염려가 되었다.

후진국일수록 재미가 있고 볼 것도 많다고 조언한다. 낙타를 한 시간 탔더니 엉덩이가 좀 아팠으나 허리가 유연해 진 것 같다. 처음에는 안장이 제대로 맞지 않고 앞, 뒤에 손잡이 잡기가 편치 않더니 조금씩 편안해졌다. 몸이 긴장해서 어색한 모습이 낙타의 움직임에 몸을 맡기니 앞뒤로 그럴싸하게 움직이는 모습을 아내와 아들이 앞뒤에서 보고 웃었을 것이다.

다시 룩소르에 가는 교통편을 알아보기 위해 역으로, 시외버스 터미널로 택시를 타고 왔다 갔다가 요금이 꽤 되었다. 택시기사의 속임에 당하기도 한 느낌이었다.

친절하게 해 준 것이 친절이 아닌 듯 했다. 영어도 제법하기에 처음에는 잘 만났다 했으나 헤어질 때는 실망했다. 기차역으로 일단 가서 더 알아보고 그래도 해결이 안 되면 역 대합실에서 자기라도 하자고 역을 향했다. 그때 시간이 밤 8시가 넘었다. 그런데 운이 좋게 반납한 승차권을 살 수 있어 오랜만에 밤기차를 8시간 탈 수 있었다. 역에서도 한국인 여자 한 쌍과 어제 카이로에서 만난 부부를 또 만났다. 이집트에서는 터키에서보다 우리에게 말거는 사람도 인사하는 사람도 훨씬 줄었다. 그래도 간간히 있긴 했었다.

한국인이 경영하는 레스토랑에서 모처럼 한국 음식을 맛있게 먹고 스핑크스와 피라미드를 구경하러 갔다. 아마 기억에 초등학교 때 이걸 들었고 내가 교사 생활하며 피상적으로 그냥 가르쳤다. 그냥 책에 있는 대로 재미도 없이. 그런데 지금이라면 참 실제적으로 멋있고 실감 있게 가르치고 배우리라 생각된다.

중 · 고는 물론이고 대학교에서도 실제 이런 곳을 가보지 않고 지리 교사가 학생을 피상적으로 가르친다는 게 얼마나 우스운 일일까 생각해 보았다. 실제 가 보고 듣고 하는 것이 얼마나 실감날까?

물론 나도 이제 가 보았으니 하는 말로 쉽게 말하지만 실은 쉬운 일은 알지만 상상과 교과서 속에서만 말하고 가르치고 배운다는 게 죄스럽고 헛소리로 가르친 것 같다고 해도 되던가. 지리를 가르치는 선생님들은 모두 현장을 가보고 체험하는 기회를 꼭 가져야 하겠다는 생각을 절실히 했다.

렌트카를 타려다 못타고 택시를 불러 무려 8시간 정도를 타고 다니며 끝 무렵에는 조금 좋지 못한 상황으로 끝났지만 우리는 택시로 피라미드, 스핑크스 등을 찾았다. 그리고 택시기사를 기다리게 하고 또 낙타를 타고 가는 멋진 관광을 했다.

큰 낙타는 아니지만 중간쯤 되는 낙타를 맨 앞에 아내, 그리고 나 뒤에 아들, 셋이 타고 맨 앞에 낙타를 끌고 가는 꼬마, 옆에 말 타고 조정하는 가이드. 이렇게 한 조가 되어 그 사막을 가게 되었다. 처음에 낙타를 탔을 때 어찌 낙타 등에 놓인 방석이 불안전해서 기우뚱 기우뚱하고 불안정했는데 한참 타보니 괜찮았다. 앞에 가는 아내도 어쩐지 어색하게 불안전하게 타고 가는 모습이었다. 뒤에 오는 아들에게 잘 보이려고 좀 의젓한 모습을 흉내 내려고 해보았지만 모르겠다. 그 넓고 넓은 사

낙타를 타고 스핑크스 피라미드를 돌아보다

막을 가고 오며 거의 3시간을 낙타를 그렇게 타고 가고 왔다. 우선 타고 가서 피라미드를 주위를 돌며 구경하고 그 피라미드 안에까지 들어가서 보았다. 사실은 안에 들어갔으나 아무것도 없는 곳이었지만 머리를 벽에 찧어가며 기다시피 하며 들어갔다 나왔다. 피라미드, 피라미드 하며 사회시간에 배우고 가르치고 하던 것을 내가 실제 가서 들어가 보고 사진 찍고 했으니 참으로 감격스러웠다.

피라미드를 구경하고 조금 떨어져 있는 스핑크스, 지금도 코가 망가져 있었다.

낙타를 타고 가다보니 멀리 떨어져 보다 그냥 갈 것 같아 내려서 가까이 가서 보자고 낙타꾼한테 요청하여 스핑크스 앞 가까운 곳에 도착하여 자세히 보았다. 사실 가까이 가서 보니 별것 아니고 시시하다는 생각도 들지만 그 점에서 얼마나 멋지게 보고 상상에 상상을 했던 실물인가 생각하며 보고 또 보고 다시 뒤돌아보며 진지하게 감상했다. 낙타꾼은 그동안 낙타를 쉬도록 하고 기다리고 있었다.

1월 4일

밤기차를 10시부터 아침 6시까지 탔다. 아내와 아들은 누워 잘 잤는데 나는 그냥 의자에 앉아 자다 말다 하며 새웠다. 승무원이 룩소르Luxor(이집트 중앙, 나일 강변을 따라 동서로 자리한 고대 이집트를 대표하는 문화 도시)에 도착했다는 소리에 급히 깨워 서둘러서 맨 마지막으로 Luxor 역에서 내려 묵을 여관을 두어군데 다니다가 결국 오아시스 호텔에 정했다. 새로 정한 오아시스 호텔에서 식사, 샤워를 하고 10시 30분에 호텔을 나와 카르나크Karnak 신전 유적지 관광을 나섰다. 인류가 낳은 위대한 문명 앞에서 그저 경이롭고 신비할 뿐이었다. 어떻게 만들어진 것들인가. Cambodia에 가서 앙코르 와트Angkor watt에 감탄했는데 여기에서 또 놀랐다. 말로 다 못하겠다.

여름 복장을 한 서양의 관광객이 엄청나게 많았다. 2시까지 구경하고 맥도날드에 찾아가서 점심을 했다. 맥도날드에서 한국인들을 7~8명 만났다. 광주 대학생이었다. 아들이 호텔에 가서 쉬자고 했으나 룩소르 박물관을 구경했다. 800여 점의 정교한 유물 전시장이었다.

관람료(55Pound.)가 너무 비쌌다. 오다가 미라 박물관(관람료 35Pound)을 구경했다. 아내가 책을(기행 안내 책) 어디다 놓고 와 찾느라 애 먹었으나 다행히 찾았다.

왜 외국인한테 모든 것이 차별해서 비싼가?

늦게야 알았다. 물 1병도 값이 차이가 심했다. 카이로에서 호텔 앞에 2.5Pound라고 써 붙였던데 역에서는 4Pound라고 하고 여기 오아시스 호텔에서 우리가 안 사고 호텔 직원 동생에게 시켜 샀더니 1Pound라니 말이다. 외국인이 직접 사면 빵, 물, 모두 몇 배라니 말이다. 택시도 마찬가지, 마차 타기도 그러지 부르는 게 값이었다. 아들 말이 유럽 선진국은 바가지가 없는데 못 사는 후진국에는 물가가 싼 대신 자국인과 외국인에게 판매가가 엄청나게 다르단다. 최고 10배도 된다니, 그걸 몰랐으니 말이다.

표기어에 대해 느끼는 바가 컸다.

이곳 이집트에서는 이집트 숫자가 있어 아라비아 숫자와 달랐다. 아라비아 숫자도 가끔 쓰는데 이집트 숫자를 쓰는 경우가 더 많았다.속히 읽을 수도 없고 기억하기도 힘들었다. 그 뿐 아니라 거리에 간판들도 아랍문자 아닌 영어로 썼을 때와 아랍어로 썼을 때는 나에게는 아랍어로 쓴 것은 전연 범벅이었다. 그러니 영문자로 쓴 것은 반가울 수밖에 없다. 영어조차도 10년 넘게 조금씩 배웠지만 안내판도 제대로 해석 못하고 회화는 말해 무엇하랴.

더구나 대학원 다닐 때 까지는 그래도 조금씩 공부했다고 할 수 있지만 20여 년 동안은 거의 멀어진 영어이니 말이다. 학원에 혹은 평생교육원에 다니자며 그 중에 판소리(민요), 혹은 영어회화를 배워보려 생각은 했었다. 영어 회화 좀 배우자고 다시 생각되었다.

이 여행 오면서 인천공항에서 '영어 회화'책을 하나 샀다. 휴대용(포켓용). 집에 가면 테이프도 사서 공부해 보려고 결심해 본다. 하루에 매일 2시간씩 듣기만 해도 나아질 것 아니냐? 가이드의 설명을 조금씩이라도 알아 들어야하지 않을까? 미국영화라도 보고.

1월 5일 – 이집트 관광

우리는 식사하고 맨 날 공부했는데 이집트인은 벽화 그리고 신전, 모스크(이슬람교 사원) 쌓았나? 오늘은 이런 생각이 든다. 벽화, 굴 등 세우고, 그리고, 쌓기 위해 얼마나 심한 노동력을 착취당하지 않았나?

식사도 개인적으로 해결하는 오아시스 호텔이다. 어제 사온 빵으로 대충 아침 해결하고 9시에 봉고차에 탔다. 동네를 한 바퀴 돌아 한국인 5인, 캐나다 부부 2인, 가이드 1인, 기사 1인, 9사람이 같이 가다가, 봉고차 또 한대에 미국인 4, 홍콩인 2, 일본인 2, 기사 1 모두 18명이 한 조되어 우리 가이드가 안내해서 관광이 시작되었다. 글로벌 시대. 지구촌 시대를 실감했다. 오전 내내 구경을 했는데 정말 왕과 자식들 위해 백성들이 밥만 먹고 그림만 그리고 무덤 만들고 동상 만들었나 싶었다.

동양인, 흑인, 백인으로 나누고 그 중에 동양인은 중국, 한국, 일본인을 대충 구분하고 흑인은 확실히 구분되는데 백인은 어느 나라인지 모르겠더라. 그러고 보니 흑인도 다양한 게 아닌가? 풀 한포기 없고 비도 1년에 한두 번 오는데 5분 동안 간단히 오다가 말다 한다. 날씨가 무척 더웠다. 긴팔도 걷어 올렸다. 풀 한 포기 없는 곳에 무덤을 만들었다. 그 지역을 지나니 보통의 땅이었다.

한국인 여자 중 대학생이 영어를 완벽하게 구사하는 것이 부러워 보였다. 2시가 지나니 배가 고파 왔다. 어제 숙소 옆에 와서 현지식을 처음 맛보았다. 쌀밥에 감자, 닭볶음, 호박죽, 야채, 돼지고기, 감자튀김을 먹고 짐을 싸서 4시 30분에 차를 탔다. 16시간을 탄단다. 버스이긴 한데 2층 차같이 1층에는 짐을 싣고, 화장실을 갖춘 높은 특이한 대형버스였다. 밤새워 운행되었다.

오늘이 5일 목요일 내일이 이곳 사람이 국경일이어서 쉬는 금요일이여서 그런지 11시, 12시 가까운 시간에 버스 터미널에 들리니 사람들이 꽉 찼었다. 집에 있지 않고 밖으로 다 나온 남자들이었다. 가다가 내리고 타고 하는데 옆에 미국인 내외는 우리같이 멀리 오래시간 타는지 계속 자고 있었다. 나도 자가다 깨었다가 하고 아내도 아들도 계속 자고 있었다. TV에 성능 좋지 않은 영화는 계속 방영되었다. 운전석부터 3번째 좌석에 앉았는데 운전석 옆에, 또 한사람, 기사와 차비 받고 왔다 갔다 하며 무어라고 소리를 가끔 치는 사람, 기사와 계속 이야기를 하고 있었다. 우리 고속버스와는 개념이 좀 다르다. 길도 포장 안 된 길로 달렸었다. 16시간 차를 타려면 새벽 아침이 될 것이다. 16시간 타는 밤차 룩소르에서 카이로로 가는 차, 카이로 227㎞ 지점이다.

12월30일 비행기에서 자고, 1월3일 기차에서 자고, 1월5일 대형 버스에서 잤다.

1월 6일 - 이집트 관광

지금 시간이 08시 20분이다.

어제 저녁 16시 30분부터 지금까지 차를 탔다. 07시쯤 해가 떴다. 1시간 가량을 아무것 없는 모래벌판을 달려오다가 이제 산속이다. 그런데 산이라는 게 나무 하나 없는 돌, 바위산이다. 이런 곳을 30분쯤 달렸고 나무 하나 없는 산을 지나, 이제 건물이 보이고 사람이 보였다. 바다도 보이기 시작했다.

룩소르에서 다합(이집트 시나이 반도 남부에 있는 관광도시)으로 가는 길이다.

여권 검사를 세 번째 한다. 3시간에 3번 하는 셈이다. 검사자가 제복 입은 경찰, 군인도 아닌 일반인 복장이다. 화장실에 들렀다 나오니, 돈 요구는 안하고 물건을 사라고 강요한다. 그래도 안 샀더니 길가에 돌을 발로 차며 신경질을 부린다. 아무 말 없이 속히 차로 향했다. 지구라는 걸 새삼 생각해 보는 시간이다.

영상이나 TV에서 보는 것과 실제로 보는 것, 스포츠나 생활 현실 큰 차이이리라. 물론 특이하거나 하이라이트만 찍고 보이기에 사진기자의 마음에 크게 좌우되니까 말이다. 9시 35분. 조금 전에 주유를 하고 산에 둘러싸인 곳으로 계속 질주한다. 파리 한 마리가 내 팔등에 앉는다. 차 창 문을 열고 쫓으면 파리는 어떻게 될까? 그러나 그냥 차속에 있다가 살 수 있는 곳에서 창밖으로 내보내면 살겠지. 이 파리는 나를 자꾸 신경 쓰게 했지만 그리고 내가 죽일 수도 있지만 날려 보냈다. 길은 말끔히 포장되어 있다. 가끔 차가 지나간다. 교통표시판도 간간히 보인다. 전화, 전기시설 전봇대가 보인다.

대부분의 승객들은 자고 있고 간간히 이야기 소리가 들리는데 나도 자야하는데 그냥 이 광경을 놓치기 싫어 시선을 자꾸 좌우 차창 밖으로 보낸다.

허허벌판과 민둥산이 계속되는 곳에 나무도 가끔 우뚝하니 보인다. 바닥에는 덤불 같은 풀이 곳곳에 보인다. 자전거 타고 가는 모양도 보인다. 싸이클하는 사람도 보이고 저 멀리에 빨간 옷을 입고 낙타타고 가는 사람 모습도 보인다. 건물 몇 채가 보이더니 차가 멈추고 사람이 차를 탄다. 사람은 보이지 않는데 이 곳 저 곳에 깨끗한 건물도 보인다. 간판도 글씨 하나도 보이지 않는다.

"Welcome to DAHAB(이집트 시나이 반도 남부에 있는 관광도시)"이 보였다. 17시간만이다. 10시가 지났다. 6일 10시 도착. 대형버스에서 17시간 이상 있다가 하차해서 다합까지 걸어갔다. 12시가 넘어 빵과 우유로 아침 겸 점심을 길바닥에 포장을 깔고 먹었다. 다합에서 속소(27호)를 정하고 봉고차 타고 가서, 세계적으로 유명한 다이빙 포인트 블르홀에서 아들이 한국여자 둘 같이 하고 저녁식사, 현지식.(밥, 닭튀김)

날짜 헤아리기가 헷갈린다. 남은 약을 보고 확인했다.

이곳 시간(다합에서) 밤 3시45분이다. 잠이 안 와서 일어났다.

술을 안 먹으니 잠이 줄었음이 확실하다. 술이 먹고 싶어 찾았으나 없으니 어쩔 수 없다. 좋은 점도 있다. 기억이 확실해지고 잠이 줄었고 돈이 절약되지 않는가?

이슬람교 국가들에는 술을 마시면 범죄행위라니 술 피해는 없어 좋겠다. 관광객에게만 제공도 한다는데 모르겠다. 잠깐 앞에 불이 환한 음식점인가 유흥가인가 훤한 곳을 가보았으나 조용하기만 하다.

1월 7일 – 요르단 관광

다합 seven haven. 방갈로 27호에서 자고 9시 출발. naveiba항에서 14시에 Jordan으로 이동했다. nuweiba항 터미널에서 아침을 빵으로, 점심도 빵과 과자로 해결했다.

이집트 뉴웨이바 항에서 페리호를 타고 요르단 아카바aqaba로 이동했다.

어제 숙소인 다합 seven haven. 방갈로 27호는 화장실 및 샤워실은 깨끗하고 좋았다. 주위 청소도 깨끗이 되어 있고, 밤에 빨랫감이 없어질까 무척 염려했으나 헛걱정이었다.

중동에 있는 나라 중에 이스라엘을 싫어하지 않는 나라는 이집트, 터키, 요르단이라고 한다.

옷 이야기인데 singapore에서 free tour을 시켜 주는데 겨울옷을 입고 따라 다니느라 더워서 힘들었다. 여름옷이나 겨울옷을 이스탄불에서 찾으려고 이미 보냈기 때문이다.

이집트에서 돌아다니는 데는 더운 겨울옷을 입고도 잘 견디어냈다. 터키에서도 그렇고, 더위가 상존하니 인내력 내지 습관이 몸에 배어 있는가 싶다. 지금 요르단으로 가려는 배안에서도 나는 시원한 여름옷을 입고 있는데 옆에 앉은 요르단 한 식구들은 두꺼운 겨울옷을 입고도 전연 더위를 느끼지 않고 있었다. 더위를 잘 견디는 중동 사람들이었다.

그리고 또 시간관념이 무딘 것 같다. 15시에 출항하기로 한 speed ferry호가 15시 20분이 지나도 꿈쩍 않고 수많은 사람들도 그냥 아무 불평 표정 없이 기다리고 있기만 했다. 미국사람이 옆에 있기에 시계를 가리키며 시간이 지나도 출항 않는다고 표정을 보냈으나 역시나 마찬가지로 씩 웃기만 한다. 우리도 그냥 기다리기는 수밖에. 방송에서 무엇이라고 하기는 하는데 알아들을 수는 없고 그렇다.

그게 아니고 17시까지 출발하지 않고 있다. 몇 번 방송은 나왔는데 무슨 콘테이너를 싣는다고 누가 말한다. 이렇게 시간을 지체하는 나라. 하기야 오전근무(08:00~14:00)하고 오후 2시 넘어는 대개 근무 끝이다. 우리나라는 어떤가. 밤까지 근무한다고 할 수 있지 않은가? 우리도 옛날에 Korean time이 있다고 하려나? 결국 어둠이 깔리기 시작하는 17시 15분에 출항하기 시작했다.

중동 사람들의 어릴 때 모습은 모두 다 사나이답고 예뻤다. 그런데 성인이 된 사람들은 나이가 많이 먹어 보이고 우리의 인상에 수염도 안 깎은 모습은 도둑 같은 게 확실하다. 모두 그런 인상이다. 여인네들은 그들의 정장인 히잡은 검고 두 눈만 내보이는 모습은 범죄자의 복면 모습이라면 실례일까 모르겠다.

못 생긴 여자나 얼굴에 흉이 있는 여자는 좋겠지만 미인인 여자는 아름다움을 과시하고 잘 아름다워지려고 화장하고 잘 가꾸는 여자는 화날 일이겠다. 서양 영화에서 남자 범죄자가 경찰을 피하기 위해 중동 여자 복장을 하고 차를 타고 지나 위기를 모면하는 것을 보았다. 언뜻 보면 이곳에 웬 수녀가 이렇게 많을까 착각할 수 있겠다. 히잡의 기본은 검은 옷이어야 하는 모양인데 흰 색깔도 있고 옷과 히잡 색깔이 다른 경우도 많았다. 회색도 있고 붉은 색깔도 있었다. 무늬가 있는 아름다운 색깔 등 다양했다.

완산칠봉을 오르다 보면 여자들이 모자를 쓰고 마스크가지 써서 얼굴의 1/3만 보인다. 생각하기에 감기가 걸려 혹은 추우니까 썼을지도 모르지만 이렇게도 생각되었다. 운동은 해야 하고 외부에 나가야 하니 화장을 하려면 시간이 걸리니 에라 모르겠다. 그냥 나가서 산에 올라 운동하고 집에 와서 일 보고 하자. 화장할 시간도 그렇고 귀찮기도 하니 쉬운 방법, 편한 방법일 것 같기도 했다.

중동에 남자 복장도 재미있다. 펑퍼짐하게 임신복 같이 내려지는 옷, 이것도 나라에 따라 무릎까지 아니 발목까지 내려오는 정도가 다르다고 한다. 아들이 사서 입고 다녔는데 별로 좋게 안보였다.

중동 여행 중에 사기꾼 기사 때문에 스트레스 받는 일이 바가지이다. 외국인에 대한 차별대우, 배안에 식당에서 식사를 하려고 들어가니 자국인에게 쌀밥을 배달하기에 저것 주라고 하고 얼마냐고 물으니 25pound라니 답하고 우리에게는 분명히 45pound를 받으니 스트레스 쌓일 수밖에. 어제 이집트에서 요르단으로 넘어가니 이집트 돈을 모두 써 버리던가. 환전을 해야 한다. 제대로 해 줄 것이라고 기대는 하지 않는다.

이곳에 여성이 행복한지 불행한지 딴 곳 같으면 매점이나 음식점에 여성점원이 상당히 많은데 이곳에서는 거의 볼 수 없었다. 남자종업원이 나와 주문받고 심부름을 하는 분위기였다. 요르단 땅에 2006. 1. 7. 밤 8시 45분 도착.

좀 더 미리 해서 보내주기나 하지. 마냥 기다리게 하는 나라.

수십 명 사람 기다리게 하고 한두 명이 여권 넘기며 도장 뻥뻥 찍는 한심한 사람들.

저런 사람들 외국 여행 보내 이렇게 기다리게 했으면 좋겠다.

12시에 항구도착. 2시간 연착 5시 출발.

8시 45분 도착 9시 30분까지 기다리는 상황.

캄보디아에 가서도 그랬는데 이곳도 마찬가지구나.

요르단 페트라 입구

1월 8일 – 요르단 관광

Valentine Hotel에서 자고 일어남 8:30 기상.

어제 밤에 요르단에 입국할 때는 많은 시간이 걸리고 짜증이 났는데 택시 기사를 잘 만나 요르단 Aqaban항에서 Petra까지 잘 와서 Valentine 호텔에서 잘 자고 Petra 구경에 나섰다.

산자락에 이제 새로 지어지고 나무가 없어 초라하고 쓸쓸했지만 걸어서 petra 입구까지 가서 관광하기 시작했다.

정말 우리를 위압하고 거창하였다. 아파트 20층 높이인 바위산이 꾸불꾸불 이어져 있었다. 사이가 2m 폭은 되었다. 형형색색, 각양각색, 붉고 희뿌연 하고 검은테테한 바위, 가로로 줄이 그어지고 세로로 아니 가로 세로로 겹쳐진 그사이 사이에 이름 모를 올망졸망한 나무들, 풀들이 잊을만하면 드문드문 커가고 있다. 그 어마어마하고 커다란 사이를 손오공에 나오는 난장이처럼 걸어가고 있었다. 좌우를 번갈아 쳐다보고 고개를 한없이 젖혀 하늘을 보기도 하고 바위를 또 보고하였다.

말발굽소리가 계속 울렸다. 서양인, 머리가 하얀 노부부가 나란히 타고 딸가닥 딸가닥 말발굽을 울리며 지나가고 또 지나가고 있다. 우리를 보고 타라고 권유했지만 그냥 그 멋지고 웅장하고 우람한 경치를 그냥 보며 걷기로 했다. 자연의 아름다움을 구경했다. 용이 올라간 것 같은 형태를 한 바위를 따라 쳐다보니 맨 위에 나무 한그루가 우뚝하니 서 있다. 각종 동물의 모양도 상상 되었다. 말을 타고 가기도 하고 낙타를 타고 가끔은 조랑말. 오랜만에 보는 당나귀 모습도 보였는데 모두들 즐겁게 타고 갔었다.

어떻게 걸어왔는지 바위산의 모습에 흠뻑 취해 오다 보니 석굴암의 모습이 보였다. 바위벽에다 인간의 힘을 이용해 건물을 만든 모습이다. 기둥도 세우고 문도 새겼다. 안에 들어가니 텅 비어 있는 공간이 있었다. 조금 더 걸어 들어가니 원형극장이 조성되어 있었다. 자연적으로 된 바위산 아래 인간의 힘을 가해 수천 명이 앉을 수 있는 계단을 낮은 곳부터 높은 곳으로 조화롭게 둥글게 조성되어 있었다. 주위는 온통 바위산이 빙 둘러 싸여 있으니 천정만 없는 웅장한 오늘날의 체육관, 컨벤션홀이었다. 안으로 계속 걸어 들어가니 바위벽을 이용한 인간들이 삶의 터가 여기저기 조성되어 있었다. 금강산의 바위 모습은 하늘을 향한 아름다운 뾰족뾰족하고 기기묘묘한 형상들이지만 이곳은 하늘을 향하기도 했지만 오히려 옆 공간을 눌림 상태의 오밀조밀한 모습들이었다.

금강산도 식후경이라고 정신없이 2~3시간을 구경하고 나니 배가 고파 산 밑에 뷔페식당에서 여행 중에 가장 고급으로 맛있는 현지 식사를 했다. 나무가 많은 산은 많이 걸었지만 나무 없는 산을 걸으니 어쩐지 힘들고 했지만 계속해서 반대 방향으로 구경하며 갔다.

가면서도 처음에 왔던 높은 바위 아래로 오던 곳이 자꾸 더 보고 싶고 걷고 싶은 생각이 자꾸 들었다.

그런데 좀 높고 아래를 많이 볼 수 있는 정상이라고 창가는 곳에서 아래를 내려다보고 오던 길로 다시 간다고 하니 처음 길을 다시 볼 수 있어 기쁜 마음에 힘든지도 모르고 더욱 힘을 내어 다시 구경하는 흡족함을 느꼈다. 다시 보고 싶다. 지금은 어제 4시 반까지 구경을 마치고 암만에 오려고 버스터미널을 찾았으나 오후 5시도 못되어 버스가 끊겼다니 이해가 안 되었다. 다음 일정 때문에 비싼 택시를 3시간 타고 Amman Sydney Hotel에서 자다가 일어났다. 아들에게 말해서 다시 Petra에 가자고 하고 싶은 심정이다.

지금까지 관광한 것 중 Luxor의 Karnak 신전 모습과 Petra가 제일 인상적이다. 아들한테 네가 지금까지 배낭여행 8.9개월 중 제일 좋은 곳이 어디냐 물으니 티벳이라고 대답했다. 그런데 나보고 그곳은 가지 말

요르단 페트라 앞, 아내와 함께

란다. 그곳은 너무 고지대여서 산소가 부족하니 위험하단다. 이집트보다 요르단은 도로가 잘 정비되고 차들도 깨끗하고 산에 나무가 없어서 쓸쓸하기는 했지만 밤에 본 거리며 시가지는 좋았다.

1월 9일 - 시리아 관광

시리아 가는 국경. 왜 땅을 놀리나? 맨 땅을 그냥 묵혀 있었다. 시리아 입국 절차 까다로웠고 . 요르단, 시리아 나라는 틀리나 아랍어 공용이었다. 잘 통하는 지 궁금했다. 비워 둔 땅 아니면 돌 땅, 우리나라 같으면 잡초라도 가득할 텐데 땅이라는 게 그런 개념인가?

와디무사 옆 지역, 페트라 있는 땅에서 시리아 국경 거쳐 다마스쿠스(시리아 수도-인구 170만)까지 10시부터 물 없고 또 노는 땅 비가 안 와 어쩔 수 없는 경계 있는데 젊은 대통령 김일성과 김정일의 체제 같고 산에도 들에도 나무는 없었다.

1월 10일 - 팔미라

다마스쿠스에서 3시간 차로 오다 팔미라에서 내렸다. 오는 길에는 포장된 찻길 외에 사막 말고 아무것도 없었다. 왜 그렇게 놓아두었을까 의문을 가졌다. 그런데 지금 높이 올라온 이곳에 와서 보니 이해가 갔다. 여기저기에 인가가 있었다. 그 넓은 땅 중에 위로 오르니 성벽이 아파트 10층 높이로 삥 둘러싸여 있고 옆에 송신탑이 보인다(아랍성). 성벽을 밑에서 다시 둘러싸고 대낮인데도 불이 밝혀져 있다. 바람이 불

시리아 팔미라 궁전

고 있고 방문객이 우리 말고도 5.6명이 있고 저 밑에는 100여명이 청년들이 축구를 하는 모습이 보인다.

5시쯤 되어 아랍성 정상을 구경하고 내려오려니 어둡기 시작했다. 축구하는 아이들은 큰 트럭에 모두 타고 마을을 향하여 가고 있고 정상에는 불이 환히 밝혀져 아주 아름답게 보였다. 축구하던 곳으로 일부러 내려오며 보니 축구 볼대(골포스터)가 4쌍이 보였고 운동장 트랙같이 붉은 색깔로 크게 라인이 그어져 있으나 축구 라인은 전연 없었다. 내려오며 정상을 뒤돌아보았다. 숙소로 향하다 배가 고파 restaurant 을 찾아 갔다.

시리아 팔미라

우리나라는 산이 70%라고 한다. 산에 나무만 있고 내버려 두었다. 사막나라도 사막을 내버려두는 것이 마찬가지 아니냐. 많은 산과 사막. 그 사막은 다 끝이 보이니 개발 안하는 것 같이 보이나 우리는 산을 환경침해라고 환경단체가 산을 없애 아파트, 골프장을 만든다고 하는데 마냥 그래야 할까? 사막을 내버려 두지 않고 개발하려고 했겠지. 그러나 경제성이 없는 것 아니야! 나무를 심어도 자라지 않고 무얼 하기도 그렇고 우리나라같이 무슨 단지를 만든다면 몇 십 개도 만들겠다. 땅 투기도 없이. 산과 사막 그리고 바다. 먼 훗날 산도 더 개발할 것 아닌가?

바다도 인간이 살기 좋은 평야는 한계가 있으니 인구가 더 늘어나고 현재의 좋은 땅만으로는 부족하면 사막도 산도 바다도 지금보다 더 적극적으로 이용할 것 아닌가?

나는 그 넓은 사막에 40분 동안 걸어서 간 곳을 다시 돌아서 출발점이 보이는 곳까지 가서 되돌아봤다. 그 멀고 크고 광활한 땅에 서 보았다. 배를 타고 가다보면 아무것도 안보이고 배만 보일 때 같이 사막에서 아무것도 거의 안 보이는 곳에 서서 주위를 뒤돌아보았다. 산은 높고 낮고 해서 끝이 안보이니 넓다고 못 느끼나 사막은 다 보이니 느껴졌다. 차로 3시간을 오는 동안 허허벌판 사막이니 그 넓이가 얼마나 될까?

시리아 팔미라 성벽

1월 11일

아침 식사를 독일인과 같이 했다. 영어를 못한다고 했고 영어 못 알아들었다. 젊은 남자였는데 팔미라를 같이 관광하였다. 굉장히 지역이 넓었다. 카르나크 (이집트 상부 나일강 동쪽 강가에 있는 신전 유적지)은 밀집해 있는데 팔미라는 전체가 한 도시같이 구조가 되어 있었다. 개선문, 극장이 크게 눈에 띄었고 각종 공공 개인집이 널려있는 곳으로 실용적인 광장으로 보였다. 물론 규모면에서는 Karnak과 비교는 안 되었다. 우리 식구 셋은 그 넓은 곳을 다른 관광객이 없이 찬바람을 씌우며 걷고 걸어 횡단했다. 날씨가 추워서인지 관광객이 통 없었다.

구경을 마치고 짐을 찾아 들고 알레포Aleppo로 향해진 호텔 앞에서 지나가는 차를 타고 홈스 카르낙 정류장(터미널)에서 갈아탔다. 그때 탄 차는 깨끗하고 터미널도 깨끗했다. 그런데 특이한 것은 우리나라 고속버스도 베풀지 않는 서비스에 감탄했다. 차 속을 오가며 차장 격인 사람이 사탕도 나눠주고 음료수도 나눠주고 곧이어 휴지며 빈 컵을 일일이 거두어 갔다. 나는 엄지손가락을 쳐들며 원더풀을 외쳤다. '시리아'라는 나라에 이런 점도 있구나 했다. 오며 6000원에 치킨이며 콜라를 배가 부르게 값싸게 먹고 호텔에 들었다. 밤 8시경이었다. 오늘은 싼 호텔에서 자야 하겠다.

1월 12일

아침 일어나 11시까지 호텔에 있다가 짐을 가지고 나와 봉고차로 터키와 국경 지점에서 내렸다. 사람들이 가방이나 짐 보따리를 저마다 들고 수십 명이 국경 500m 지점까지 걸어가고 있었다. 아랍 지역의 10~13일까지 명절에 시리아에 왔다가 명절 지내고 터키로 가는 행렬이었다. 국경지역에서 수속을 마치고 봉고차를 타고 다시 터키로 가고 있었다.

그 풍경이 옛날 어릴 때 봇짐지고 피난 가던 때가 생각났다.

1월 13일 - 다시 돌아온 터키 관광

오전 10시 Cappadocia 도착. 관광시작.

Kappadokia로도 쓴다. 이게 나에게는 발음과 외우기가 쉬웠다. 어젯밤에는 5시부터 12시까지 터미널에서 7시간을 기다렸다. 인구 100만인 터미널이다. 잠을 자다가 책을 읽다가 7시간이나 지내기가 지루했다. 집에 있으면 지루한지 모르고 지낼 자신이 충분한데 정말 지루했다. 책도 여행기만 있기에 그리고 지루할 때 시간 때우는 TV도 없고 처음 있는 일이다.

집이라면 시간 보내는 방법이 얼마든지 있다고 할 수 있는데 말이다. 버스타고 이곳까지 오는데도 딴 때같이 잠도 잘 오지 않았다. 옛적에는 차타고 자려고 작정하면 금방 잠이 들었는데 이제는 안 된다. 오늘 관광하며 차 속에서 많이 졸았다. 지하도시를 구경하고 굴 속을 머리를 받치며 다녔다. 입구만 있고 그 지하에 1만 5천 명이 들어갈 수 있는 지하 도시였다. 통로는 좁았지만 확보하고 있는 하나하나의 공간은 몇 사람이 살 수 있는 곳이었다. 그런 곳이 수 천 개가 되는 것이다. 여태까지 모르다가 얼마 안 되어 발견되었다고 한다. 그런 곳이 지금도 발견 안 된 곳이 있으리라 충분히 생각해 본다. 이곳은 딴 동굴은 인류가 사용하지 않았지만 오늘 본 지하도시는 인간들이 이곳에서 살았던 곳이고 바위가 이렇게 다양하게 모습이 다를까?

우리 지방 마이산의 바위, 금강산이 뾰족한 바위, 월출산의 바위, 그리고 요르단 Petra의 바위 그리고 이곳 터키 Cappadocia의 버섯모양의 바위. 모양과 형태가 다른 바위들이 이 지구상 다른 지역에 존재하며 오랜 세월을 비, 바람, 눈보라에 견디며 존재하는 모습을 실제로 보았다. 그 바위를 깎아 살아가는 모습도 보았고 흙이 단단히 뭉쳐있는 흙속을 뚫어 바위같이 이용하는 곳도 있었다. 지구가 수많은 세월 전에 생성할 때 그렇게 다양하게 모든 형태들이 참 묘하다 싶었다. 그리고 만든 후에 오랜 세월을 통해 또다시 변화시키고 비, 바람, 눈보라, 번개 등 대자연의 여러 변화로 조금씩 조금씩 형태를 모습을 조화롭게 달라지게 했을 것 아니야. 그간 그 세월이 너무 길기에 잘 아는 척 하는 우리 인간은 몰랐고 인간이 사는 기간이 길었기에 모르는지. 물론 서적을 통해 전달된 뒤부터야 늦게 깨달았겠지만.

어젯밤에는 돌로 된 집에서 잤다. 아가씨 둘, 총각 둘, 우리부부 여섯이 각각 딴 침대에서 잤다. 이런 식을 도미토리식이라 하던데. Single, double, 도미토리. 옛날 내가 어릴 때 한 방에서 부모와 같이 한 방에서 자던 생각이 났다. 그때는 온돌방에서 한 이불속에서 그러다가 내가 결혼하고 그리고 우리 아이들을 낳아 아파트에서 생활하면서 방을 따로 부부라고 딴 방을 차려 생활하다 물론 침대라지만 이렇게 자 보는 것도 오랜만이고 느낌이 이상하다. 내가 일찍 자고 그리고 아내가 자고 초저녁에 아들 등 처녀, 총각이 나갔다가 언제 들어왔는지 지금 시간이 아침 8시 30분이 지났는데 한밤중이다.

발소리, 숨소리를 죽여 가며 방 안에 있는 화장실에 다녀오고 세수하고 문을 조용히 조용히 열고 밖에 나가 보니 밖이 환하고 벌건 대낮인데 날씨는 무척 차다.

지금이 2006년 1월 14일 아침 9시 10분이다. 오늘 오후 5시까지 이곳 터키 관광을 할 계획이다. 시리아에서 부터 같이 온 두 아가씨와 한 청년은 그냥 쉬겠다고 하여 우리 셋은 주변 관광을 나섰다. 산을 올랐

터키 산야를 뒤로 한 필자와 아내

다. 상당히 올랐다. 길도 아닌 길을 마구 걸었다.

어지간히 돌고 추워서 이 지방 레스토랑에 들러 점심식사를 했다. 무슨 단지에다 끓여주는 고기를 먹었다. 먹을 만했다. 그리고 어제도 맥주 한 컵 오랜만에 마셨고 오늘도 한 병 마셨다. 이집트 요르단, 시리아에서는 거의 술이 없고 안 먹었다. 그런데 이곳 이락은 같은 아랍권이고 이슬람 문화권이라도 유럽과 국경하고 이락의 땅의 일부가 유럽에 있어서인지 절충적이라고 할까 변질했다고 할까 좀 느슨했다. 술도 있고 여자들 옷도 그랬다. 히잡을 예로 들어도 이란에서는 99% 이상이 하고 다니고 외국인도 이곳에 오면 하고 다녀야 하고 안하면 경찰의 단속이 있다고도 한다. 날씨가 무척 차다. 마스크를 벗고 턱을 만져보니 면도를 10여 일 안 했더니 제법 길러졌다. 만져보니 부드럽게 자랐다. 16일에는 깎으며 사진을 찍어 두려 한다.

이곳 사람들은 특히 남자들은 나이가 많이 들어 보였다. 수염을 기르기에도 그렇지만 수염을 깎아도 그런 것 같다. 오토바이점에 가서 좀 빌려 타고 시내관광을 해 보려고 들어갔었다. 주인이 있고 몇이 있는데 우리나이를 묻기에 우리도 물어보고 놀랐다. 42살이라는 사람은 나보다 더 먹어보였다. 26살 29살인 젊은이도 훨씬 나이가 먹어보였다. 나이를 가늠할 수 없었다. 우리가 어제 묵은 이곳에서 한국사람 25명을 만났다. 오고 가고 많았다. guest book을 보니 전부 한국인이다.

Cappadocia의 괴레뫼 travelleR's Cave pension에서

1월 14일

우리 식구 셋이 구경 다니고 17시에 차 타러 터미널 행 30분 연착, 15일 06시까지 차 속에 있었음. 이스탄불 도착. 배가 07부터 운행한다고 해서 기다리고 있다.

1월 15일 –배낭여행 소감

오후 3시 10분전, singapore air Line 비행기 속. 이스탄불(터키 최대의 도시) 12시 45분 출발. 점심식사 후 한비야의 책을 생각하며 작년 12월 29일 13시 전주 출발하여 서울에서 자고 30일부터 시작하여 이 시간(1월15일)까지 중동여행을 단행했다. 지금까지 모두 18일간이다.

아들의 권유로 갑자기 이루어진 배낭여행이지만 퍽 추억에 남고 내 생애에 특별한 여행이었고 배낭여행을 해 볼 수도 있다는 가능성을 준 기회였다. 이를 계기로 국내 여행도 하고 해외 배낭여행도 해 보고 싶다.

지금 머릿속에 크게 기억되는 것은 이집트의 Karnak신전, 시리아의 팔미라의 인간의 힘으로 과연 이룰까 하고 생각되는 불가사의한 인간의 역작과 요르단의 Petra 와 터키의 Cappadocia의 자연의 아름다움의 극치를 잊을 수가 없다. 거기다 터키의 top kap, 아아sopist bule 모스크를 영원히 잊지 못할 것이다.

좋은 여행이었고 기억에 충분히 남을 좋은 추억임에 충분했다.

*두바이에서 싱가포르 가는 중

이스탄불 출발 12:45 - 두바이 출발 20:00 - 싱가포르 도착 07:10 - 싱가포르 출발 08:10 – 인천 도착 14:33

다시 갈 기회는 있을지 모르겠다. 카르낙, 팔미라 그리고 Petra, Cappadocia, 아마 가고 싶어도 비행기 값이 비싸서 못 갈 것 같다. 이곳을 본 후 다음 날에 이상하게 되돌아가서 다시 보고 싶은 충동을 느꼈다. 일정만 괜찮다면. 다시 오기가 어려울 테니 더욱 그랬다.

우리 한국도 찾으면 있을 것이라는 생각도 해진다. 여행에 중독된 사람들의 마음을 알 것 같다. 집을 나와 6개월간 배낭을 메고 세계를 돌아다니는 사람. 그런 사람이 바로 중독자 아닌가? 몇 사람을 만났다. 직장도 때려치우고 여행 다니다 돈 떨어지면 귀국해서 다시 돈 벌어 온다고 했다. 어느 부부는 둘 다 의사인데 1년간 배낭여행을 다닌다는 이야기를 듣고 이해되지 않았다. 34살 먹은 상냥하고 예의바른 아가씨 나이가 많아서 그런지 행동은 정말 며느리 삼았으면 하는 아가씨도 직장 다니다 그만두고 6개월간 여행 다닌다는 소리에 놀랐다.

우리 아들도 총 합치면 6개월이 넘기는 넘지만 그래도 남자 아닌가. 여자가 그렇게 용감하게 다니고 있었다. 경험은 왕이다는 생각을 해보게 된다. 그렇게 어려움을 이기고 세계 여행을 한 사람은 어떤 어려움이라도 헤쳐 나갈 수 있지 않을까 하는 생각도 해본다.

오늘 아침에도 이스탄불의 날씨가 엄청 추운데 우리 여섯 일행은 무거운 배낭을 두 개씩 메고 그 추운 날에 강가를 1시간 반 이상 걸었다.

쉬운 일은 아닌데 여행이고 자진해서 한다고 하니 그렇지 얼마나 힘든 일인가? 물론 춥지 않게 복장은 갖췄지만 모두다 잘들 갔었다. 고생을 사서 하는 것이다. 낭만이 있다고 할 것이다.

이스탄불 보스포러스 해협이 보이는 강가에서 다시 보자고 하며 굳게 악수하고 우리 식구는 이스탄불 공항으로 향해 갔다.

패키지와 배낭여행. 나는 처음 하는 배낭여행이나 패키지 여행은 직장에서 또는 모임에서 몇 번 갔지만 배낭여행이 진짜 영행의 맛은 있다고 할까? 모르겠다. 돈을 절약한다는 것도 있지만 정말 즐거운 여행 같다. 이번은 사실은 아들 따라 그냥 따라다닌 초급여행이라 하지만. 여행기를 보니까 내 나이되는 사람도 하는 걸 읽었다. 물론 그 분은 10년 전부터 해오던 사람이긴 하지만 그 용기와 건강에 박수를 보낼 만하다.

아들 덕분에 구경 한번 잘 했고, 고마웠다.

아들과 함께 떠나는 유럽 21일간 배낭여행기

(영국 프랑스 독일 이탈리아 중심)

5월 18일

다 떨치고 5월 18일부터 6월 8일까지 유럽을 돌아다니기로 했다

우선 유럽 여행을 하기 위해 5월 18일 인천공항을 출발해 우선 일본으로 갔다

계획이 JAL(일본항공기)를 이용하기로 했다. 오랜만에 이용하는데 좌석이 1/3정도 찼다.

탑승자가 적은 편이었다. 한. 일 관계 영향인가 싶었다. 대한항공, 아시아나항공, 베트남 항공은 근래 이용해 보았는데 JAL은 오랜만이다. 승무원 여자가 대한항공보다 나이 들어보였다. 2시30분에 주는 기내식은 적은 양의 깔끔한 일본식 점심이었다. 와인도 한잔 했다. 영국을 가는데 일본에서 하루 자고 가는 코스였다. 호텔에서 재워주며 쇼핑을 시키는 상업적인 상술 이였다

일본 도쿄 NARITA 공항에 오후 3시 50분에 도착했다. 안내표기 순서가 일본, 미국, 중국 한국 순이었다. 셔틀 버스를 타는데 운전석이 우측이고 좌측통행을 하는 게 처음 부딪치는 이국의 풍경 시작이었다. 5시

윈저성 앞

반부터 나리타 시가지 관광을 시작했다. 군산 뒷골목 같은 데서 초밥집을 찾아 들어 갔다. 한 달 전에 서울 여의도에서도 초밥 집에 갔는데 거기는 회전이고 여기 나리타는 고정이었고 언어가 불통이니 손가락으로 가리켜 주문해 먹었다. 아들이 가기에 그냥 따라 갔다. 서울이나 나리타나 한참 기다려야 자리를 확보할 수 있었다.

mar road 호텔 투숙 후 4시30분 기상, 밖이 훤하다. 시차는 없지만 1시간 이르단다.

5월 19일

나리타 mar road 호텔에서, 09시 출발, 11시 45분 런던 행 탑승, 런던까지 12시간. 런던까지 가는 JAL기 에는 안내가 일본어와 영어로만 되어 있었다. 일본과 영국의 합작이기에 그런가? 영국 호주 일본은 해양국가로 서로 국가 간 교류가 잘 되어 가고 있었다. 이렇게 여행을 떠나니 전화기를 차단하고 있기에 편하고 조용하고 여유가 있어 좋았다. 12시간 후 영국 히스로heathrow공항에 도착하여 렌트한 차로 이동했다. travel odge에 투숙했다.

5월 20일, 21일 - 영국 관광

자고 일어나 런던 시가지를 구경했다. 처음 눈에 띄는 게 2층 버스였다. 그리고 인도인이 많이 다니고 흑인도 많았다. 아침 07시 30분인데 한국과 8시간 차이이니 오후 3시 30분이겠다. 런던에서 37km,거리인

윈저성에 간다. 아침은 빵으로 때웠다. 히스로 역에서 얼마 안 되는 거리에 있고 18명의 영국 수상을 배출한 영국 최고의 명문사립 중고등학교 이튼스쿨이 있었다. 소규모이지만 고려대 도서관 건물이 떠올랐다.

영국의 고딕 양식 건축물의 훌륭한 예가 되고 있는 세인트 조지 성당이 들어서 있는 윈저성은 영국에서 가장 오래된 성이자 왕가의 거처 중 하나로, 현재는 버킹엄 궁전과 함께 엘리자베스 2세 여왕의 주요 거처로 사용되고 있고 주말이면 여왕은 가족과 함께 이곳에서 머무는데 그때는 탑 위의 기가 영국기가 아닌 왕실기로 바뀐단다. 11세기에 런던 서쪽 접근로에 정복자 윌리엄이 목조로 세운 요새를 시작으로, 10세기에 걸쳐 개축과 정비를 하면서 거대한 성으로 완성되었다고 한다.

1992년 테러로 화재가 나서 전 세계인들을 깜짝 놀라게 했는데, 1997년 복구가 마무리되면서 1998년부터 다시 견학이 가능해졌지만 까다로운 보안 검색을 통과해야만 입장할 수 있게 되었다. 성벽 안쪽은 아래쪽 구역Lower Ward, 중앙 구역Middle Ward, 위쪽 구역Upper Ward 등 세 구역으로 나뉜다. 성 밖 매표소(16-20파운드)에서 티켓을 끊고 들어가면 가장 먼저 도착하는 곳이 중앙 구역인 라운드 타워이다. 중앙 구역을 지나 윈저 성에서 가장 볼거리가 많은 위쪽 구역에 위치한 스테이트 아파트먼트에 갔다가, 다시 중앙 구역을 지나 세인트 조지 성당과 출구가 있는 아래쪽 구역을 관광했다.

런던 음식 값은 세계에서 제일 비싸다고 한다. 서울은 여의도가 제일 비싸고 런던에 피카디리 광장을 지날 때 보니 삼성전자, 현대차, LG전자 광고판을 보니 대한민국 국민의 자부심이 느껴졌다. 조금 지나다 들으니 한국말이 들려 알은체하려니 아들이 그냥 가잔다.

밤에는 전철을 타 봤는데 한국에 비해 후졌다 그런데 유사한 것은 젊은이들 모두가 스마트 폰을 매만지고 있었다. 요금은 카드 한 장(한화 16,000원 -day travel card)을 사면 하루 종일 탈수 있는데 출퇴근 시간에는 탈 수 없단다.

영국은 동상이 많은 나라였다, 국회의사당을 밖에서 구경했다. 북한이 미사일을 발사했다고 아들이 알려 주었다. 영어 사전을 가지고 올 걸 그랬나 생각했다. 버킹검 구경하고 12시에 케임브리지에 도착했다.

5월 22일 - 영국 관광

오후에 맨체스터 유나이티드 축구장을 들러 퍼거슨 감독 은퇴 사진을

영국 윈저 성 앞에서 필자

구경했다. 박지성의 사진도 구경했다. 메모를 하려니 볼펜 하나 사려는데 우리 돈 6천원이었다. 1파운드가 2000원 쯤 된다. 다음에 리버풀에서 비틀즈 스토리 전시장을 구경했다.

비틀즈 팬이라면, 런던 여행 중 시간을 내서 비틀즈의 고향인 리버풀을 방문해 보아야 한다고 했다. 셰익스피어로도 잘 알려진 리버풀에는 비틀즈 스토리라는 작은 전시장이 있는데, 비틀즈에 관해 전시하고 있었다. 특히나 비틀즈의 명곡들을 들으면서 둘러보는 재미가 있었다. 무언가 묘한 매력을 가진 비틀즈. 아마도 대부분의 사람들이 리버풀을 찾는 이유는 비틀즈 때문이라고 말한다. 비틀스의 멤버는 폴 매카트니, 존 레논, 조지 해리슨, 링고 스타이다. 모두 리버풀의 노동자 집안 출신으로 비틀스를 결성하기 전 다른 록 그룹에서 경험을 쌓았다. 1962년 음반이 발매되고 크게 히트하면서 영국에서 가장 인기 있는 록 그룹이 되었다. 1964년 초 미국에서 음반이 발매되자 비틀스 선풍이 미국을 강타했다고 한다.

5월 23일 - 영국 관광

6시 기상 목욕 식사 후 옥스퍼드를 향해 출발 했다.

오월인데 겨울 날씨이다. 바람이 너무 세게 불어 차 문이 안 열리고 잘 안 닫혔다.

유럽에 5,6월에 관광 올 사람 비 오고 바람 세게 불어 완전히 겨울 날씨이니 한국 봄 생각하고 준비하고 오면 큰 코 다친다고 알려주고

영국 옥스퍼드 대학 앞에서

싶었다. 시간을 잘못 맞춰 왔나 싶어서 영국의 매력이 감소됐다. 그래 런던을 떠나 파리로 가려는데 연휴로 차표가 매진되었다. 런던에서 다음 월요일까지 기다려야 한다니 낭패였다. 날씨만 좋다면 기다리고 미루겠다만 그렇지도 못하다. 아들 친구에게 연락하니 차편이 불가하단다. 다행이 디즈니랜드로 가겠느냐 묻기에 10시 14분 기차를 천만 다행히 타게 되었다.

영국에서 프랑스 가는 지하 굴속이다. 옆 좌석에 흑인 아버지와 백인 딸 아이패드 하느라 정신이 없고 엄마는 백인, 같이 있는 아들은 흑인이다. 그러니 남매 중 딸은 엄마 닮아 백인이고 아들은 아빠 닮아 흑인이었나 싶다. 기차는 깜깜하다 환하다 교차하며 계속 달리고 있다. 영국 연휴기간(금, 토, 일)프랑스로 휴가차 가는 일행이 빈자리에 하나둘

차기 시작했다. 우리 초등학생 쯤 되어 보이었다. 우리 아이들은 5,6세에 우리말 상당히 했다고 하니 영국아이들 조잘대는 소리를 잘못 들으니 나는 그 정도 수준 언어 능력도 안 되니 난 몇 살 실력일까? 들녘에는 풀밭, 유채 밭, 밀밭 그리고 게으른 사람의 맨땅(나중에 무얼 심으려는 계획인지)이다. 영국 프랑스 땅들은 한국 땅 같이 무엇이든지 자라는데 지난번에 간 이집트, 터키 땅은 황무지가 많았다. 무엇이든 자라지 않는 황무지.

marnela vallee chessy에서 하차했다. 출입구_ 불어(sortie), 영어(exit)

전철 타고 파리로 이동했다.(파리 시간 14:35) 코코 파리 민박집. 한국말이 그렇게 반가웠다. 연변 말투였다. 우산도 빌려주고 인터넷도, 한국 음식 쌀밥도 반가웠다. 다정하고 정이 갔다. 4층 올라가느라 힘들었지만 다 가셨다. 하숙집에 짐을 맡기고 옆에 맥도날드에 추위를 녹이고 있다. 춥고 비오고 하는 것은 어찌 그렇게 런던과 파리가 똑같다. 따뜻한 겨울옷이 그렇게 그리웠다. 여름옷만 가져온 걸 후회했다. 옷은 두루 가져오고 추위에 약한 나는 더운 옷을 입고 그래도 더우면 벗어 들고 다녀야겠다고 생각되었다.

5월 24일, 25일 – 프랑스 관광

오후 6시에 노트르담과 루브르 박물관을 구경했다. 콩코드 광장을 지나 파리 지하철을 타 보았는데 화장실이 없었다. 우리나라 지하철 화장실 얼마나 깨끗하며 편리한가.

파리 거리에서는 여자들이 담배를 피우는 것이 눈에 많이 띄었다.

아침 10시에 에펠탑 구경을 갔다. 고개를 쳐들고 또 쳐들어야 끝이 겨우 보였다. 입장권을 사려 했더니 기다리는 줄이 500m은 넘었다. 한 시간은 기다려야 꼭지에 올라갈 수 있었다.

에펠탑은 모든 재료를 외부에서 제작해 와 현장에서 조립했다. 탑에는 1만 5000개의 강철 조각과 105만 846개의 못이 사용되었고 총 7300톤의 철이 소요되었다. 그런데 에펠탑은 높이에 비해 무게가 매우 가볍다. 총 무게가 7300톤으로 쇳덩이로 치면 9㎥의 무게에 해당한다. 에펠탑의 기단과 같은 둘레에 높이가 300미터인 공기 실린더보다도 가벼운 무게이다.

1889년 5월 15일 세계박람회 일정에 정확하게 맞춰 에펠탑이 완성되었다.

프랑스 파리에서 에펠 탑과 센 강을 뒤에 두고

에펠탑은 예상보다 적은 인부(300명)와 짧은 건설 기간(2년 6개월)을 들인 토목공학의 계가였을 뿐만 아니라 에펠에게 큰 행운을 가져다주었다. 공사비는 당초 예상보다 2.5배 초과했지만 재정적으로 대성공이었다. 에펠은 탑이 무너질 경우 사비로 보상하겠다고 프랑스 정부에 약속한 후에야 건설에 들어갈 수 있었다. 프랑스 정부는 에펠에게 150만 프랑(전체 건축 비용의 약 20퍼센트)을 지불하는 대신 1910년까지 이 탑을 상업적으로 이용할 수 있는 권리를 부여했다. 물론 공사비는 박람회 기간 중에 회수할 수 있었다. 그 후 계약은 70년이나 연장되었다.

다음을 기약하고 주변을 구경하고 몽마르트 거리로 향해 발길을 옮겼다.

몽마르트Montmartre는 프랑스 파리 북부에 있는 사원으로, 종교적 분위기와 시대에 따른 미술사조의 흐름을 느낄 수 있을 정도로 그 문화·예술적인 정체성을 간직하고 있는 곳이다. 또한 오늘날, 주거지역이기도 하면서 역사·문화적 중심지이기도 하여 오래된 파리의 전형적인 골목길을 거닐고 싶어 하는 관광객이 꼭 들르는 곳이다. 창작과 예술의 장소로, 이곳에서는 관광객들은 항상 계단 한편에서 그림을 그리는 무명화가들을 볼 수 있고, 또한 영화 촬영 현장을 발견할 수 있다. 반면 이러한 예술적 모습을 띠는 지역이 밤에는 환락가로 변한다.

사원에서 파리 시내를 보니 시가지가 저 멀리 까지 보였고 고층 건물이 적은 편이었다. 점심은 빵으로 때우고 몽마르트 사원 아래를 거닐다 보니 돈 따 먹기 '잘 봤다 못 봤다 말고 골라 골라' 사기 행각이 벌어지고 있었다. 젊을 때 목포 기차 안에서 하고 그 후에는 못해 봤는데 그 때가 생각났다. 차 빌린 곳을 찾아 가는데 중간에 맥도날드를 들렀는데 가는 곳마다 분점 있었고 인터넷이 되니 젊은이들이 많이 모여 있었다.

5월 26일 - 프랑스 관광

어제부터 차 속에서 자기 시작했다. 렌트한 차가 숙식하는 시설이 잘 되어 있었다. 아들이 계속 운전을 하니 피곤해보여 내가 해볼까 했다.

영국에서는 오른쪽 운전석, 여기 프랑스는 다시 왼쪽이 운전석이다. 키를 빼어 주머니에 넣고 자고 있으니 할 수 없다. 깨우기도 그렇고 기다리자. 안경을 벗고 주위를 유심히 살펴보았다. 들놀이용 나무 의자 돌 식탁 그리고 옆에 돌로 튼튼히 만들어 고정시켜 놓은 쓰레기통이 세 쌍 보인다. 움직이기 힘들게 고정시켜 불을 사용해 쓰레기를 태우게도 되어 있었다. 오른쪽 왼쪽 좌우에 차 다니는 길이 안 보일 정도의 나무숲인데 그 속에서 우는 새소리, 지나가는 차 소리. 꽃이 핀 나무에서 새가 드나들고 꽃잎이 져서 떨어지는데 나비인지 혼동 되었다.자세히 보니 꽃이 떨어지고 있었다. 간간히 꽃잎이 떨어진다. 한참 쉬었다 또 떨어진다. 참새 두 마리가 이 꽃나무 저 꽃나무를 왔다 갔다 하는데 새가 먹는 것은 나무에 있는 벌레일 텐데 땅에 기어 다니며 먹이를 찾고 있었다. 다정이 지저귀는 소리가 들린다. 먹을 것을 찾아 먹고 자고 사랑하고 지저귀는 것이 새들의 일상이구나 생각되었다.

파리에도 거지는 마찬가지로 있었다. 서울에도 있었고 그런데 전주에서는 요 근래 못 보았다. 다시 출발해서 프랑스 슈퍼를 들렀다. 여유 있게 1시간 이상 돌아 봤다. 모르는 물품이 너무 많았고 과일 종류는 봉숭아 수박 참외 오이 호박 오렌지 딸기 뭐 뭐 다 있었다. 우리나라 이마트

홈플러스 모두 이런 곳에서 배워 설치하고 한국인에 맞는 물건만 진열했을 뿐 진열 요령 품명 표시가 좀 달랐다 지금 이곳 날씨는 쾌청하고 춥지도 덥지도 않다. 잠바를 벗고 긴소매 추리닝 슬리퍼 차림으로 슈퍼 밖에서 햇빛을 맞이하고 있다. 그런 후 휴게소에서 쉬고 차타고 달리기만 했다.

몽 쌩 미셸mont saint-michael에 들렸다.

바다위에 떠 있는 고색창연한 성으로 유명한 몽 쌩 미셸은 프랑스 북부 브레타뉴와 노르망디의 경계에 자리 잡고 있다. 국내의 모 항공사의 CF에 소개되면서 한국인 여행자들이 가보고 싶어 하는 최고의 명소로 떠올랐다 한다. 이 앙상한 바위섬에 수도원이 지어지기 시작한 것은 708년 수도원이 완성되기까지 800년이 지나 16세기에 완성되었다니 세

몽 쌩 미셸mont saint-michael 앞의 필자

계7대 불가사의로 꼽힐만하다.
수도원 완성과 더불어 순례자와 수도자가 몰려들었는데 섬으로 건너가다 갑자기 밀려오는 바닷물에 목숨을 잃은 이가 부지기수였다는 슬픈 전설도 전해온단다.
과거 오직 신앙하나로 바다를 건넜던 순례 객들의 안식처. 몽 쌩 미셀은 이제 매년 수백만 명의 관광객들이 찾는 프랑스에서 가장 매혹적인 장소로 사랑 받고 있었다.
빅토르 위고는 이 때문에 프랑스에서 몽 쌩 미셀의 비중은 이집트에서 피라미드가 차지하는 것과 같다 라고 했다는데. 이를 증명하듯 이곳을 방문하는 관광객은 해마다 250만 명을 상회한다고 한다.

또한 몽 쌩 미셀Mont St. Michael은 정말 신비로운 곳이었다. 특히 바다물이 많이 들어와 있을 때는 섬 위에 우뚝 서 있는 성이었단다. 산 정상에 자리 잡고 있는 수도원은 역사가 굉장히 깊은 곳이었단다. 708년에 대천사 미카엘이 아브랑슈의 주교인 오베르의 꿈에 나타나서 근처에 있는 거대한 바위산에 작은 예배당을 세우라고 해서 수도원을 짓기 시작 했단다.

원래 예배당이었던 이곳은 11세기에는 군대의 요새로 사용되었고, 백년 전쟁 중에는 영국군의 3차례 공격에도 잘 견디어 냈던 곳이라고 한다. 당시 몽 쌩 미셀은 영국군에게 점령되지 않은 유일한 북 프랑스 지역이라고 하며. 프랑스 대혁명 시기인 1791년에는 혁명군이 수도사들을 몰아내고 1836년까지 감옥으로 사용했다고 한다.

올라가는데 좀 고생을 했다. 길 공사 중이라 불편하고 아래에서 보니 힘들 것 같았다. 올라가는데 맨 일본 사람 뿐이었다. 그런데 성 안에 가서 보니 한국 사람들이 무더기로 있어 기분이 싹 달라졌다. 한참 다니다 아들이 어디 있는지 못 찾겠다. 뻥뻥 돌았다. 이러다 아주 못 찾으면 차를 찾아가면 되겠지만 가는 길은 한국말을 하는 무리를 찾아가면 되겠다 싶었다.

5월 27일

영국 프랑스를 다니며 느꼈는데 일본이라는 나라는 아시아 땅에 있지만 앞서서 개발하고 발전하여 아시아 속에 유럽형 선진국 나라이었다. 우리는 미워하지만 일본 국기 즉 일장기가 유럽 나라 국기와 나란히 있을 때마다 느꼈다.

얼마 동안은 밥을 사먹거나 빵으로 때웠는데 이제부터는 차 속에서 해먹기 시작했다. 코코 파리(여관)에서 연변 아줌마가 준 김치로 밥을 먹으니 맛있었다. 아내에게 전화도 했다. 발가락이 아파 양발을 안 신고 맨발로 다녔다.

5월 28일 - 프랑스 관광

프랑스의 알프스라는 높이 1037m의 사모니, 프랑스 스위스 이탈리아 세 나라의 국경인 몽블랑 옆 샤모니를 오르러 갔으나 비가 내려 포기했다. 프랑스에서 스위스로 입국하는데 이웃 동네 가는 것과 같이 아무런 제재가 전연 없으니 이상한 마음이 들었다.

1527m의 알프스산은 비가와도 올라가 보기로 했다.

안개가 뿌옇게 앞을 가렸다. 유럽 여행 일정 중 절반이 다 지났다. 영국이나 프랑스 스위스 이탈리아 시골은 그게 그거였다. 영국에서는 간판을 대충 읽었는데 프랑스, 스위스(독일어 65%)에서는 영어와 비슷하기는 하나 전연 먹통이었다. 영어 사전도 없고.

기차를 이용해 융프라우에 올라갔다. 인터라켄에서 융프라우까지 2시간 반 걸린다는데 중간에 내려 얼음 굴도 구경했다. 기차를 타고 가며 보니 온통 흰 곳에 검은 점, 점 돌 벽의 눈 없는 자리 하얗고 또 하얗다. 하늘도 없다. 참! 기차표를 사는데 우리나라 신辛라면을 한 포씩 주었다. 야! 우리나라 신 라면이 이렇게 세계적으로 유명하구나 싶어 반가웠다. 거기 융프라우에서 기념으로 빨간색 겨울옷을 샀다.(10만원). 기차 속 손님 중 인도인이 제일 많았다. 얼굴이 가무잡잡하고 피부가 부드러울 듯, 여자는 얼굴이 예쁘고 눈이 컸다. 중국 브라질에 이어 인도가 부상하는 걸 느꼈다

5월 29일, 30일 - 스위스 관광

6시 30분에 일어나보니 눈이 상당이 내렸다. 걱정이 되었으나 스위스 알프스산 거의 정상이니 그랬고 아침을 먹고 내려가니 밑에는 거의 눈이 없어 다행이었다. 영국에서는 간판을 읽었는데 프랑스 스위스(독일어65%)에서는 영어와 비슷하기는 하나 알 수 없었다. 하기야 영어는 제대로 아나? 영어 사전도 없고. 스위스는 영국과 같이 유로화를 안 쓴다고 했다. 일본어 중국어 이제 조금 배우려 말고 영어와 판소리나 집에서 하루에 1시간이라도 꾸준히 하자고 생각 되었다.

이탈리아 피사의 사탑

여행 기간 동안 날씨가 맑지 못하고 춥고 비가 오고 눈 (스위스)이 내리기도 했다 어제 아침에는 일어나니 눈이 내리고, 오늘 아침에는 비가 이제 부슬부슬 내리고 있다. 높은 산엔 눈이 내리고 내려오는 산에는 신록이 우거지고 산등에는 예쁜 집들이 보였다. 늦게 이탈리아 밀라노에 도착했다. 아들 전북과학고 동창 전새누리(아버지-전종문)를 만나러 간다. 밀라노에 유학 와서 밀라노 대학 건축과를 졸업했단다. 식사 대접을 융숭하게 받았다.

5월 31일 - 이탈리아 관광

어젯밤 식사(아들 동창) 때 오랜만에 술을 좀 하니, 딴 때보다 1시간 늦게 일어났다. 목욕하고 세탁(내의 양말)도 했다. 어제 식사는 이태리식 생선 요리였다. 유럽도 27년 만에 5,6월에 이런 추위는 처음이란다.

스위스 산악 지대에 쌓인 눈은 경치는 좋으나 의외의 풍경이란다. 밀라노는 어제 밤 관광 끝나고 아침 식사 후 피사행이다. 피사의 사탑을 3시부터 구경 시작했다. 넘어질 듯, 넘어질 듯 하며 안 넘어지며 버티고 있고 왼쪽에 여러 개의 얼굴상이 새겨져 있었다. 세례당 납골당 두우모를 관람했다.

피사의 사탑은 이탈리아 서부 토스카나 주의 피사에 있는 피사 대성당의 종루鐘樓이며 관광 명소이다. 기울어진 탑으로 유명하다.

1173년 8월 9일, 착공 시에는 수직이었으나, 13세기에 들어 탑의 기울어짐이 발견되었다고 한다. 탑의 높이는 지상으로부터 55m, 계단은 297개로 이루어졌으며, 무게는 14,453톤이다. 현재의 기울기의 각도는 약 5.5도이고 기울기의 진행은 여러 차례의 보수공사로 멈추었고. 흔히 중세의 세계 7대 불가사의 중 하나로 불리고 있단다. 18시, 이제 피렌체로 가는 중이다.

이탈리아 산천이 한국과 비슷했다. 이 나라도 휴농지가 많았다. 넓은 들판이 아무 작물이 없이 풀만 우하니 자라고 바람에 나부끼고 있었다. 유럽에서 그리스 스페인 이탈리아가 경제가 어려워 유로의 지원을 받은 것을 지상을 통해서 읽었다. 국민의 잘못인가 위정자의 정책 실패인지 모르나 우리는 이 걸 타산지석으로 삼아 국민 그리고 위정자가 노력하고 협력해서 계속 발전하고 전진하는 조국 대한민국이 되길 기원했다. 외국을 다녀보니 더욱 새삼 느껴졌다. 조국, 대한민국이 좋다. 코리아 파이팅 ! 피렌체 아르노 강 가, 거리, 뒷골목, 성당을 해질 무렵부터 10시30분 까지 구경 후 차 있는 곳으로 갔다.

5월이 저물어 가고 있다. 어제 그제(30일, 31일) 사범 졸업 기념 50주년 동기생 모임이 있었는데 참석 못해서 아쉬웠다. 이 뒤에 또 만나기는 쉽지 않고 숫자도 줄어들 텐데 하는 생각이었다.

6월 1일

아침 6시에 기상했다. 피렌체 호텔 앞이다. 가랑비가 오락가락하고 날씨가 아직 싸늘하다.

같이 근무한 동료 강 선생이 아들 장가보내는 날인데 참석 못해 아쉬웠다. 이제까지 유럽 여행 중 영국 프랑스 스위스 이탈리아를 다녔다 이제 오스트리아 독일 룩셈부르크를 더 다닐 계획이다. 아들 덕분에 호주 뉴질랜드 이집트 터키 시리아 요르단 영국 프랑스 이탈리아 스위스 오스트리아 룩셈부르크 독일을 다니는구나. 70이 넘으면 여행도 다니기 힘들다는데 아들이 공인 회계 컨설턴트이고 프리랜서여서 큰일을 마치고 잠깐 쉬기에 지금 이렇게 여행 다니고 있다. 이제 미국이나 다녀오고 중국이나 자주 다니고 싶구나. 피렌체에서 점심을 먹기 위해 맛집을 찾아 갔는데 대만원이었다.

로마로 옮겨 구경을 더 하려는데 비가 온다. 콜로세움을 보는데 파괴된 옛 건물이 초라하게 보였다.

서기 80년 티투스 황제 때에 완성된 콜로세움은 5만 명을 수용할 수 있다고 한다. 계단식 관람석이 방사상放射狀으로 설치되어있는 원형 경기장에는 검투사劍鬪士들의 검투사와 검투사, 맹수와 검투사의 생사를 가르는 경기와 그리스도교 박해 시대에는 신도들을 학살하는 장소로도 이용되었단다. 경기장 상판은 훼손되어 없어지고 일부만 복원되어 있지만 그

밑에는 검투사들의 대기실과 맹수들의 사육장으로 이용되었다고 한다.

세상에서 가장 크고 유명한 건축물 이지만 오랜 세월과 천재지변으로 복원이 불가능한 흉물스러운 유적지이기도 하여 안타까운 마음이 들었다.

복원하기 위해 장비가 이곳저곳에 있었다. 바로 앞에 보니 자전거를 타고 가는 남녀노소 행렬이 1km이상 길게 달려가고 있었다. 베네치아 광장에 비가 그쳤다. 옛적에 생긴 도시여서 주차는 생각 못 했던 것 같다. 지하 주차장이 없으니 전부 길에 주차하는 로마 시내였다.

6월 2일

오늘도 로마를 구경하는 날이다. 지금의 이 여행은 고적 사적 시내를 그냥 구경하는 관광이나 다음에는 테마 별 관광이 필요하겠다. 나 같은 경우에 문학기행으로 해외 유명 작가가 집, 문학관, 중심 관광 한국 문협 따라 해외 문학 탐방 계획을 시도해 보고 싶다. 미국 중국은 그냥 자연 및 고적 사적 관공으로 하고 나머지는 중점적 테마 기행이 좋겠다고 다시 생각된다.

10시에 바티칸 성당을 구경 갔다. 그 넓은 곳에 사람이 꽉 찼다. 러시아워 때 차 정차 상황이다. 한발 가고 10분 또 한발 가고 10분, 오늘이 이탈리아 건국 기념일에다 일요일이어서 그런가 보다. 조각상이 즐비한데 실제 인물과 얼마나 닮게 조각 했을까 생각되었다. 성 베드로 광장이나 스웨덴 광장에 사람이 꽉 찼었다. 오래 전에 서거 유세 때나

콜로세움 앞의 필자

한국에서 보던 광경이었다. 할 일 되게 없는 사람 모습들이었다. 또 파리나 로마 사람들이 대다수가 선글라스를 많이 쓰고 다니었다. 이탈리아는 30만 제곱키로 땅에 6천만 인구이니 인구밀도도 꽤나 밀집한 나라이기는 하다. 녹색 백색 홍색으로 나누어진 국기는 이탈리아 국기이고 청색 백색 홍색은 프랑스 국기여서 혼돈되었다.

오늘 참 나도 당했다. 이탈리아에 가면 도둑 조심하라고 들었는데 로마의 스웨덴 광장을 관광하고 오니 대낮인데 렌트한 창문을 부수고 (모기장) 내 스마트 폰을 절도해 갔다. 차를 벽 쪽에 바짝 대고 주차 했더니 두 겹으로 단단히 장치한 문을 부수고 도적질 해 가 벼렸었다. 옆에 딴 귀중품이 있었는데 스마트폰만 가져갔었다.

로마 스웨덴 광장 앞에서

6월 3일

로마에서 베네치아로 가는 길이다. 휴대하는 중요한 3가지(스마트폰, 여권, 지갑) 중 지갑과 스마트폰을 잃었다. 온통 여기에 신경이 쓰였다. 여권과 돈은 챙겨 다행히 잃지 않았다. 보통 일이 아니다. 국내에 있다 하면 전화를 못하니 불편하고 카드 분실이니 처리에도 신경이 엄청 생길 것이다. 세상에 이런 일도 있고 이렇게 당하고도 세상을 살아가는구나 하는 생각. 잘 때 외에는 항상 휴대하는 것인데 잃고도 어찌 못하고 그냥 있기만 하는구나 했다. 카드 처리는 아들이 쉽게 해 주었다. 해외여행을 많이 해봐서 이런 일 처리는 여행 진행과 같이 아주 잘 처리한다. 아들도 처음 로마 올 때 경험 했다고 했다. 귀국해도 전화번호를 알아내려면 힘들 것이고 귀찮은 일이다. 세상을 사는데 일어날 수 없다고 생각하는 일이 일어나고도 사는구나. 지갑을 잃어버리고 스마트 폰을 잃어버리고 (도난)어떻게 못하고 잠자코 숨 쉬고 먹고 잠자고 이렇게 살아가고 있으니 말이다. 웬 세상에.

이렇게 하고도 살아 숨 쉬고 있으니 이제 무슨 어렵고 힘든 일이 생겨도 해결해 나갈 수 있을 것 같다. 내 수중에 돈만 있으면 어떤 어려운 일도 할 수 있겠다. 지금 내가 있는 이탈리아 어디에 나 혼자 내버려져 아들과 헤어져 있다면 어떻게 될까?

현재 내가 입고 있는 옷과 필기도구, 유로화 15 유로만 소유하고 있다. 아들은 무엇이든지 할 수 있다. 못 할 일이 없다. 나는 어쩔까 상황이 발생하면 어떻게든 하겠지! 지갑 스마트 폰을 잃고도 멀쩡히 있는데 무엇이든 못하겠는가? 우선 그렇지 않게 덜 고생하게 가방이라도 꼭

베네치아의 수로를 등지고 선 필자

메고 다녀야 하겠다. 안 일어난다고 못하니까. 일어 날 수 있으니까.

가상해볼까?

어제 로마 스페인 광장분수대 앞 모인 수많은 인파, 잠깐 실수로 아들과 헤어질 수 있다. 지갑도 잃고 스마트 폰도 도난당했는데 그건 안 일어날 리 없다. 더 가능하다. 가방을 멘 경우와 안 멘 경우로 생각해 보았다. 안 메고 잃어버린 기아가 된다면 더욱 어렵다. 한국 대사관 전화도 모르니까 통하지 않는 언어로 그것부터 알아서 나를 도와달라고 해야겠지. 가방이 있다면 그래도 찾아서 전화해 한국대사관에 문의할 수 있겠다.

베네치아에 13시30분에 도착했다. 베니스(영어)로만 기억나는데 베네치아, 베네치아로 호칭했다. 싼 마르고 광장, 싼 마르고 성당 구경하

곤돌라에서 바라보는 베네치아 전경

고 리알도 다리를 지나 보니 바다 끝에 성당이 있고 숲이 바로 앞에 있었다. 멀리가 아니라 바로 옆에 큰 배가 정박해 있는 걸 보니 수심이 깊은 모양이다. 특수한 도시 베니스(베네치아)멋지다. 바다가 그리운 사람 더 좋은 휴양지이다. 베네치아(베니스)에서 배를 즐겁게 여러 번 반복해서 같은 코스를 탔다. 바다 멀리에서 타는 것이 아니라 육지 바로 옆에서 배를 타고 건물들을 보며 항해하는 것이다. 아무것도 안 보이고 하늘과 바다 그리고 배만 타고 가는 광경과는 다르다. 여자가 모두 승무원이다. 건물과 숲이 있고 사이에 길이 바닷길이다. 바다와 시가지가 사람의 가슴 쯤 높이 되는 벽이 높이 쌓여 있다. 우리 시내버스 타는 지점같이 가까운 거리마다 배가 정지한다. 크루즈 같은 큰 배 4척이 바로 앞에 정박해 있다. 물의 도시, 베니스의 풍경이다. 건물을 어떻게 지었을까? 건물이 있는 이외는 온 땅이 바다요 물 세상이다. 어떻게 조성된 베네치아일까. 바다의 향연 물의 나라, 온통 배를 이용해 외출하고 내통하는 세상이다. 지구상 이런 곳은 여기 아니고 또 있을까?

6월 4일 - 오스트리아 관광

갑자기 스마트 폰 없는 세상을 생각해 본다. 두절된 세상 살 수는 있다 고민, 생각 없이 한 가지 일에만 몰두해서 살아가는 고립된 세상. 사회가 세상이 어떻게 변하는지 모르고 누구와 단 둘이 아니 몇 사람과만 관계하고 먹고 자고 운동하고 사는 세상이 어떨까. 지금은 한국 전주에서 떠나 세계를 만나고 있어서 한국 사회와 두절된 셈이다.

내 나이 48세 전후부터 눈이 잘 안 보여 돋보기를 조금 사용하다가 벗었다 썼다 하기 귀찮고 돋보기를 코언저리에 내리고 보는 모습이 싫어 다촛점 렌즈 안경을 쓴지가 20년이 넘었고 지금가지 모두 5개의 안경을 교환해 가며 썼다. 알을 잊어버린 적도 있었다. 오늘부터 3,4일 정도 가급적 안경을 쓰지 말고 살아보자. 여행 동안 이런 일도 오랜만이다. 신문 책 TV를 안 보는 기간 일 테니까 가능하고 이 3가지 안 보면 불편하기는 해도 참고 넘어갈 것이다. 그리고 잘 간수해야 한다. 쓰고 다니는 게 안경을 간수하기 제일 좋은 방법이라고 생각했다. 이것도 잃으면 안 된다 잘 보관하고 주머니 지퍼 있는 곳에 두고 부득이한 경우에만 내서 사용하도록 해 보자.

10시에 오스트리아에 입국했다. 산이 ⅔나 되는 나라다. 잘츠부르크로 가고 있다. 아름다운 자연의 경치와 인공의 미를 새삼 느끼는 기회였다. 8만원 주고 소금탄광을 구경했다. 잘츠부르크라는 명칭도 sulz(소금) burg(성)에서 연유된 경우였다. 비가 내려 잘츠부르크 관광은 차를 타고 일주하는 걸로 마쳤다. 식사를 저녁 7시에 하고 20시경에 독일에 입국했다.

6월 5일 – 독일 관광

자다가 일어나 1시간 있다가 다시 잤다. 7시에 기상했다. 차를 타며 졸아 그런지 평균시간보다 더 수면이 많았던지 꿈을 많이 꾼다. 지금 독일 땅이다. 차 문을 열고 나가니 차 달리는 소리가 윙윙거리며 부지런한 나라이어서 그런지 차들이 부지런히 달린다. 날씨가 싸늘하니 춥고 안 보여서 그런지 산 밑에 구름이 가려 구분 못하는 곳이 강인지 육지로 산자락이 낮은 지 구분 못 하겠다. 추운 날씨는 일단 싫다. 조금 거닐다 얼른 차 속으로 기어들어 왔다. 이제 5일 6일 7일 남았구나. 7일 비행기 타면 8일 오전에 한국, 고국에 닿을 테니까!

내 평생에 유럽 땅을 처음 아! 참 터키 가면서 조금 밟아봤는가 싶다. 본격적인 방문 관광은 처음이다. 기억에 초등 중등, 학교 다니며 또 고교 때 김창기 선생님께 배운 사회 및 지리 시간에 외우고 배운 지명을 이제야 밟아 본 것이다 유럽에 중부를 다녔으니 북부, 남부는 아직 남았는데 언제 올 기회가 있을지도 모르겠다.

여생을 몇 년으로 잡을 수 있을까? 15년, 20년 많이 잡아도 이 정도일 것이다. 이번 여행에 발가락이 좀 불편했지만 나머지 건강은 괜찮았으니 5년 까지는 여행은 다닐 수 있겠다 싶다. 그러기 위해 건강관리

독일 노이슈반슈타인 성 앞에서

를 잘 해야 한다 생각된다. 책 읽고 글 쓰고 운동하고 사색하고 술 알맞게 마시고 그래야겠다. 돈 벌기는 희망이고 낭비가 아닌가 싶다. 버린 돈이 아까워서 그렇지만 2005부터 오늘까지 중 5년간 버려진 돈이 아깝다.

독일도 고대유적이 많은 나라이었다. 유적이 많으면 조상님께 감사하고 덕분에 후손들이 거저먹고 산다고 할 수 있기도 하다.

노이슈반슈타인 성을 구경했다.

노이슈반슈타인성은 1892년 완성되었고 곧바로 일반에게 공개되었다. 노이슈반슈타인성의 벽면은 그의 계획대로 모두 게르만족의 신화로 채워졌고 루트비히 2세는 바그너의 오페라를 통해서 알게 된 전설의 세계가 반드시 존재한다고 믿었을 뿐만 아니라 자신을 전설 속 주인공 백조의 기사 로엔그린이라고 여겼다 한다. 그래서 이 성 안에 있는, 오스트리아와 이탈리아에서 가져온 돌로 만든 인공동굴에 백조 모양의 조각품이나 도자기를 많이 배치해놓았다. 심지어는 문손잡이에도 백조를 새겨 넣기도 했단다. 노이 슈반슈타인성은 백조의 기사가 살아야 할 성이었기 때문이란다.

노이슈반슈타인성은 환상적인 성이다. 특히 〈탄호이저〉를 모방해 만든 '가수의 방Singers Hall'은 가장 호화로운데 매년 이곳에서 바그너 콘서트가 열린다. 노이 슈반슈타인성에서 조금 올라가면 마리 헨 다리가 나오는데 이곳에서 보는 노이 슈반슈타인성은 너무나 아름답다. 이것을 증명하는 것이 바로 디즈니의 로고이고 이 성을 본떠 만든 디즈니랜드이다 알맞은 성 건물에 주위화경(산속)이 어울려 너무 거창한 건물들 성, 성당

보다 실용적인 게 좋았다. 딴 곳 너무 거창하고 지을 때 얼마나 인명피해 노역 백년 넘는 시설 건축기간, 조선 500년 역사에는 없었지 않나?

퓌센에서 노이슈반슈타인 성을 구경하고 점심 후 뮌헨으로 향했다. 한국어 안내가 보이고 곳곳에 임시로 제작해서 만든 것도 보였다. 17시 40분에 인구 135만의 뮌헨에 도착했다. 여기도 저기도 주차하면 주차비였다. 뮌헨에도 자전거가 많았다. 폭스바겐, BMW차가 눈에 많이 띄었다. 그런데 여기에는 흑인이 보이지 않았다. 구경거리는 별로였다. 슈루트 가르트 시내 구경도 했다.

6월 6일 - 독일, 룩셈부르크 관광

아들 친구를 만나러 본에 갔다. 지금 차 있는 곳이 어디쯤인지 모른다. 그 차 속에 내가 있다. 글을 읽을 줄 아나, 말이 통하나, 아는 사람이 있나? 서른 세 살 차이인 아들, 나는 그 아들 따라 애비가 졸졸 궁둥이를 따라 놓치지 않고 따라가야 한다. 가이드이고 보호자다 모자를 보고 상의 옷을 보고, 놓치면 큰 낭패다. 이제 6일,7일 이틀뿐이다 행복한 여행이다 아들과 같이 이렇게 단 둘이 지낸 적이 언제 있었나? 호주와 뉴질랜드 그리고 터키, 이집트 시리아 요르단 등은 아내랑 셋이서 여행했다. 아내가 유럽 여행은 얼마 전에 다녀갔다. 고희 기념 여행인 것이다. 아들은 한 프로젝트가 끝나면 쉬는 기간에 여행을 자주 다니니 이곳은 네 번째라던가 그렇다. 라인 강도 구경했다. 늦은 오후에는 제주도의 1.5배인 룩셈부르크를 관광했다. 부자나라이고 산으로 둘러싸인 행복한 나라였다.

6월 7일 – 여행소감

아들이 밤에 운전하느라 피곤해 했다. 나는 3시에 기상했는데 아들이 다시 일어나 파리 쪽으로 운전하다가 4시 전후해서 또 다시 자며 곧 일어나겠다고 했다. 7시에 일어나 짐을 싸고 서둘러 8시 반에 파리 공항에 도착해서 나는 14번 홈에서 기다리고 아들은 차 반납하러 갔다. 13시 30분 비행기인데 지연되어 14시15분에 출발한다고 한다. 도쿄 행이다 이제 여행이 끝났다. 에어 프랑스로 파리 공항에서 지연 출발하여 일본 나리타공항을 거쳐(나리타공항에서 기다림 시간-2시간) 서울에 도착하면 다음날인 8일 아침 9시 15분쯤 된다.

오늘 비행기에서 내려다 본 땅위의 모습, 그리고 구름은 꼭 목화를 풀어 막 물레에 꼬기 전에 어머니 손에 있는 목화 뭉치였다. 점점 멀어지니 하얀 색깔이 점점 약해지는 모습이다. 고루 나눠있다. 저 멀리 푸른 하늘이 보이고 고루고루 나눠 있다. 프랑스 하늘에서 본 구름이 프랑스같이 아름답다.

영국 프랑스 이탈리아 독일 스위스 오스트리아 룩셈부르크를 다녀오는데 프랑스가 제일 좋았기에 그렇게 느껴졌다.

:: 서평

교육자의 길에서 피워낸 깨달음의 꽃

- 이남구의 수필세계 -

鄭 木 日
(한국문인협회 부이사장
한국수필가협회명예이사장)

1.

이남구 수필가의 〈인생살이도 리모델링이 필요해〉는 제4 수필집이다.

이남구 수필가는 일생의 전반부는 교육에 헌신한 삶이었다면, 후반부는 수필문학에 심혈을 쏟은 모습을 보여준다. 전반부 인생은 교사로서 학생들의 가슴에 지식과 인생의 지혜를 전해주는 스승으로서의 사명을 다했다면, 60대를 넘어서는 자신의 삶에 대한 인생적인 발견과 깨달음을 '수필'이란 그릇에 담아두려고 애쓴 모습이 뚜렷하게 부각돼 있다.

인간은 유한한 존재로서 영원을 지닐 수 있는 방법은 '기록' 뿐이다. 인생은 출생에서 사망에 이르는 기간을 말하며, 사후死後는 점점 망각 속으로 사라지고 만다. 수필은 '나의 삶. 나의 인생'을 담는 그릇이다. 수필쓰기는 인간의 일회성 삶을 담아두는 유일한 영원장치가 아닐 수 없다. 수필은 인생의 토로이며 자신의 삶을 거울에 비춰내는 일이다. 픽션인 시와 소설은 상상을 통해 실제 없었던 일을 있는 것처럼 꾸며낼 수 있지만, 논픽션인 수필은 자신의 체험을 그대로 쓴 진실의 세계이므로 인생의 자화상이라고 할 수 있다. '나의 삶, 나의 인생'을 자신이 아니면 누가 기록해 줄 것인가. 수필 쓰기는 삶의 영원 장치이다. 자신의 삶과 인생을 거울에 비춰내 점검하고 성찰하는 기회를 제공한다. 보다 완성적인 삶의 길을 걷게 인도한다.

이남구 수필가는 〈가슴마다 파도치는 세대들〉 등 4권의 수필집을 출간한 바 있으며, 영호남수필회장, 전북수필회장을 역임한 원로이다. 문예사조상, 전북수필문학상, 영호남수필공로상 등의 수상 경력을 지닌 영호남 일대에 널리 알려진 수필가이다. 교육자로서 정년 퇴임이후에 수필가로서의 정진의 발자취가 뚜렷하다. 제2 인생을 수필 쓰기에 몰두하고 있음을 보여준다.

초기의 작품집인 〈가슴마다 파도치는 세대들〉 〈그래도 너희들을 사랑 한다〉 〈그래도 마냥 즐거운 세월〉 등의 수필집에선 교사의 관점으로 삶과 교육애를 통해 본 실상과 바람직한 방향모색을 전개하였다면, 이번에 상재하는 수필집 〈인생살이도 리모델링이 필요해〉는 변화의 시대를 맞아 삶의 의식과 방식에 새로운 전개와 지혜를 보여주는 '삶의 혁신'을 보여주고 있다. 규범의 틀을 버리기 어려운 교사 출신으로서 '인생살이의 리모델링'이란 변화를 부르짖는 모습은 파격적이기도 하다.

시대의 변화에도 교육이나 삶의 모습은 옛 그대로를 답습하는 것을 보여주기도 한다. 농경시대의 의식과 삶의 모습을 현대의 삶에 적용하기는 어려운 일이다. 인생살이도 리모델링이 필요함을 느낀다. 옛 풍속과 삶의 모습만을 고집하지 말고, 시대에 맞는 새로운 인생살이를 맞아들여야 한다. 이남구 수필가는 항상 전진하며 변화하는 '현대'라는 시점을 민감하게 수용하면서 시대감각에 맞는 인생살이를 시도하고자 한다. 삶의 진지하고 새로운 인식이 아닐 수 없다. 70대 이남구수필가의 이 같은 시대정신과 개척정신은 노인인구가 늘어나는 시대에 던지는 삶에 대한 혁신 구호처럼 느껴진다. 교훈적인 언술을 보여주는 많은 교육자와는 달리, 시대에 걸맞게 개혁적인 주장을 내세우는 교육자가 있음은 반가운 일이다.

거창한 뉴스 속에 살고 죽고가 아니더라도, 알려지지 않은 보통인들의 삶속에서 생사를 생각하게 한다. 한 친구는 신문을 읽으며 부음 란을 유심히 읽는다고 했다. 나와 별 관계없는 알지 못하는 사람들이 매일 죽어가고 있는데 내가 잘 아는 친지, 친구, 친척이 사망 했을 때는 새삼 죽음을 실감하고 안타까워한다. 보잘 것 없는 자신이 죽었다 했을 때 잘 죽었다고 하는 소리를 들을까 염려도 해본다.

'아까운 사람 죽었다'라고 생각하게 살아야지 '그 놈 잘 죽었다'라는 인생 살아서 되겠나 싶다. 아파트 정원에 분홍, 새하얀 철쭉이 흐드러지게 피어 그렇게 아름다울 수가 없고 멋진 모습을 뽐내며 지나가는 사람들을 즐겁게 해준다. 금산사 가는 길 양편에 신록이 우거져 아름다운 천지를 이루고 있다. 작년에도 그랬고 재작년에도 그랬고 내년, 내후년에도 그럴 것이다.

'울지 마 톤즈'라는 영화는. 아프리카 남수단의 톤즈에서 고생하는 주민을 위해 헌신하다가 48세로 몸을 바친 고 이태석 신부의 성스러운 일대기였다.

자연과 인간이 우리 모두에게 베푸는 아름다고 갸륵한 모습은 도처에 많다.

> 한때는 부러울 것이 없고, 거들먹거리고 살았지만 죽고 나니 아까워하기는 고사하고 '그 놈 잘 죽었다'라는 소리를 듣는 사람이 있다.
>
> 그냥 생각 없이 한마디 한 말이 상대의 가슴에 못을 박아, 두고두고 섭섭하게 하여 평생 웬수가 되는 경우도 있다.
>
> 죽어서 친구들로부터 아까운 사람 갔다는 말을 들을 수 있다는 것은 인생을 옳고 바르게 살았다고 할 수 있겠다.
>
> 오사마 빈 라덴은 대부호의 아들로 태어나 이슬람 종교운동인 와하비즘에 심취하여 처음에는 소련에, 나중에는 미국을 상대로 테러에 가담하고 인류를 공포의 도가니로 몰아넣는 장본인이 되었다. 이유가 있겠지만 그렇게 살다가 처참하게 죽어가야 했을까 하며 우리 모두에게 삶을 어떻게 살아야 할까를 생각하게 하는 기회를 준 것 같다.
>
> 〈생의 참회〉 일부

이남구 수필가의 〈생의 참회〉는 인생의 성찰과 삶의 의미를 진지하게 되새겨 보고 있다. 일회성 인생을 살 뿐인 인간으로서 삶의 반추와 의미를 되돌아보고 있다. 노년기에 들어서서 친구들의 부음訃音과 함께 인생에 대한 평가가 나오게 마련이다. '아깝다' '좋은 인생 이었다' 는 말이 있는가 하면, '고생 많이 했다' '힘든 인생 이었다'는 평이 나오기도 한다. 한 사람의 '죽음'에 대한 단평短評은 인생에 대한 총체적인 인상과 느낌을 함축하고 있다. 어떤 인생이 의미 있고 아름다운 인생인가? 각자의 인생관에 따라 다를 수도 있지만, 개인적인 진眞, 선善, 미美를 꽃피운 인생, 자신만의 행복추구나 안위를 위한 삶보다 이웃과 사회를 위한 공동체 삶에 관심을 갖고 보탬이 되는 인생의 모습이 더 고귀하게 다가온다.

이남구 수필가는 교육계에 투신하여 평생을 학생들을 가르치며 살아온 교육자이다. 농부와 교육자의 손은 남다름을 느낀다. 하늘이 이 세상에서 가장 순수하고 깨끗한 영혼을 지닌 사람을 가려 뽑아 농사와 교육에 종사하도록 거룩한 손을 주셨다. 농부는 하늘의 뜻을 받들어 들판에서 씨앗을 뿌려 농작물을 가꾸어 양식으로 내놓는다. 교사는 학생들의 마음에 사랑과 지식의 씨앗을 심고 자라게 하여, 이 사회를 건전하게 작동되도록 만든다. 농부와 교사는 평생의 직업일지라도 영리성을 앞세우는 다른 직업인과는 다른 삶을 지닌 이들이다. 이 세상에 일용할 식량을 제공하는 농부와 사회생활에 필요한 지식과 지혜를 가르쳐주는 교사가 없다면 세상은 제대로 작동되기 어려울 것이다.

농부와 교사는 근면과 진실의 손으로 성심을 다해 농작물과 학생들의 가슴에 사랑과 진실을 심는다. 비록 권력과 부富를 얻지 못할지라도 이 세상을 밝게 순치시킬 사람들이므로, 마음이 깨끗하고 진실한 사람들만을 하늘이 골라 거룩한 임무를 부여한 사람들이다. 사회가 점점 부富의 척도에 따른 평가로서 삶의 질質을 논하고 있지만, 농부와 교사의 헌신은 우리 사회를 지키고 키우는 힘이다.

이남구 수필가의 제4 수필집 〈인생살이도 리모델링이 필요해〉는 표제가 말하듯이 창의적인 노년기의 새로운 삶의 설계와 방향을 말하고 있다. 전반기의 삶을 '교육에 바친 삶'이라 한다면, 후반기의 삶은 '인생의 완성'을 위한 새 설계에 따른 방향 모색의 길을 보여주고 있다. 전반기는 교육자로서의 소명을 다한 삶이라면, 교직에서 물러선 후반기는 새로운 개척의 길이며 창조력을 통한 완성기이기에 '인생의 의미와 깨달음의 꽃'을 피워내고자 한 저자의 의지가 보인다.

이남구 수필가는 교육자로서 살아온 전반부 삶을 뒤돌아보면서, 수필가로서의 길에서 '수필'로서 완성의 꽃을 생각하고 있다. 수필은 '나의 삶과 인생'을 드러내는 문학이다. 시나 소설처럼 꾸며내는(지어내는) 픽션이 아니다. 실제의 삶을 통한 인생의 발견과 깨달음을 그대로 담아내는 논픽션이다. 좋은 수필은 좋은 삶에서 피어나기 마련이다. 인생에서 향기가 풍겨야 수필에서도 향기가 나는 법이다.

2.

이남구의 수필에선 삶의 절도와 이상추구가 있다. 학생들을 가르치고, 바람직한 인생의 길을 알려주려는 교육자의 지론과 삶의 자세를 초월하여 '후반기 인생'의 새 설계와 방향모색을 보여준 것은 깨어있는 지성의 모습이 아닐 수 없다. 참다운 교육이란 항상 새로운 가치의 창출과 모색으로 삶을 유익하게 이끌어야 한다. 이남구 수필가의 제4 수필집에선 '교직자'라는 의식에서 벗어나 새로운 인생길의 시도로서 문학의 길을 보여주고 있다. 제3 수필집까지 '교육'에 관련된 삶의 이야기를 중심으로 풀어낸 것이라면, 제4 수필집은 한 수필가로서의 새로운 삶의 모습을 보여준다.

'오랫동안 살던 집(아파트)을 Remodeling했습니다. 새 집같이 되더군요. 기분도 달라지고 행복했습니다. 집을 옮기는 것도 생각해 보았지만 그대로 두고 리모델링하는 것도 괜찮을 것 같아서요. 우리의 삶도 달라지고 시대 변화에 맞춰 리모델링하자는 점에 초점이 맞춰진 작품이라 생각합니다.'

이남구수필가는 수필집 머리말에서 인생의 리모델링의 필요성과 의미에 대한 자신의 견해를 밝혀놓고 있다. 수필은 인생에 대한 통찰과 삶의 길에 대한 발견과 의미를 담는 문학인 까닭에서이다.

전반부가 '가르침'을 위한 교육자의 길이었다면, 후반부는 수필가로서 모색과 창조와 도전의 길이다. 문학인은 언제나 새로운 길을 찾아 나서야 하는 사람이어야 한다. 수필문학은 삶과 인생에서 깨달음의 꽃을 피워내는 작업이 아닐 수 없다. 자신의 인생에 대한 '리모델링'은 파격이 아닌 삶의 혁신이다. 가보지 않았던 길에 서서, 새로운 체험과 도전을 펼친다는 것은 쉬운 일이 아니다. 용기와 결단이 필요하다.

제4 수필집은 교육의 길에서 벗어나 새로운 길을 찾아 펼치는 삶의 모습에서 자유스러움과 창조성이 드러나 있다. 어디에도 억매이지 않는 '자유로운 영혼'은 발견의 눈을 갖게 하며, 삶의 다양성 속에서 지혜와 깨달음을 얻게 한다.

> 어느새 인생을 이야기할 때가 되었나 싶다.
>
> 기억력은 뒤지는 걸 느끼나 아직은 더 무엇이든 할 수 있는데 말이다.
>
> 20세 갓 지나 교직에 발령을 받아 근무하다가, 군대 마치고 복직하여 직장생활을 하며 40년 가까이 근무하다 퇴직했다. 초등학교, 중학교, 여자

고교, 남자고교에서 근무하였고 대학에 진출할 수 있는 기회가 있었으나 꿈이 적고 조건이 안 되어 달성 못 했다(?). 사립학교이기에 승진에 대해서는 관심이 적고 순풍에 돛 달고 항진한 세월이었다. 공립학교였으면 달랐을까?

특별한 잘못 아니면 직장을 쫓겨날 염려는 없고 처음 2년 외에는 직장이 멀어서 고생해 본 일도 없었다. 산골에 들어가 하숙하고, 자취하는 고생도 거의 없었다. 총각일 때 섬에서 2년 그리고 가까운 곳에서 5년 통근하며 지냈다. 고생이라기보다 오히려 즐거움이었고 지금 생각하면 아름답고 낭만적인 추억으로 남는다. 그 후는 계속 10분 ~20분 내에 출퇴근할 수 있는 직장이었다.

식구 중에 아내가 교통이 불편한 추운 겨울에 통근하느라 고생했을 뿐이다.

아이들도 별 어려움 없이 원하는 학교에 다녔고 열심히 공부하여 일류대학을 졸업했다. 40대 초반에 서울로 직장을 옮길 기회가 있었고 교직 아닌 정치(?)방향, 식구들이 같이 갈 수 없고 나 혼자 간다는 게 어려워 포기했다. 나의 생활에서 평범한 것이, 평범한 사람이 행복하고 편안하다고 느끼며, 살았던 것 같다.

도전을 하고 꿈을 가지고 욕심을 크게 가졌어야 하는데 그것이 없고 그냥 현 업무에 충실하며 살았다 할 수 있다. 군대에 있을 때 우스갯소리로 감방에 한번 가보면 어떨까 생각해 보았다. 사회가 아니고 군대니 호적에 빨간 줄이 오르지 않는다 해서 그랬는데 못했었고, 전방이나 월남에 가보려고 지원했으나 논산 훈련소에서 4주간 훈련 받고 계속 부산 한 부대에서 근무하다가 제대했다.

파출소나 경찰서, 교도소는 몇 번이나 갔었던가? 6 · 25때 집 옆 지서에 밤사이 총소리가 계속 나서 새벽에 나와서 보니 감옥소 벽과 바닥에 피가 묻어 있는 걸 보았다. 시체가 옆에 가마니로 덮여 있는 모습이 지금도 가장 끔찍한 지서 모습이고 고2 때 무전여행 가서 도둑으로 몰려 하룻밤

자는 억울한 수모를 겪었다. 자동차 사고로 한번 들르고 학생 문제로 경찰서에 들른 일이 전부다. 나에게 큰 고통과 시련이 없어 인내하고 참을성을 기르는 기회가 적었는지, 자신이 생각해도 끈기가 부족하고 지속적이지 못하다.

혹독한 추위를 이겨낸 장미가 아름답다는 말을 음미해본다. 어릴 때 어머니를 일찍 여의고 가난해서 고생했지만 부지런한 형 때문에 면했고, 결혼해서는 착하고 영리한 아내 덕분에 큰 고생 없이 살림을 일구어 살아왔고, 자식들이 말썽 없이 착하게 자라 주었다.

〈도전 없는 인생〉의 일부

〈도전 없는 인생〉은 저자의 총체적인 인생 모습에 대한 자평自評이다. 우리 민족이 겪었던 어려웠던 시기에 대학을 나와 중등학교 교사로 근무하면서 교사인 아내와 결혼하고 교장으로 정년을 마친 경력만으로도 좋은 인생을 살아왔음을 보여준다. 교육자의 의무는 학생들에게 지식의 전수에만 있지 않고 삶의 지혜와 바람직한 태도와 방향을 알려주는 데 있다. 교육자는 제자들의 가슴에 무한 성장의 씨를 뿌리는 사람이다. 정년퇴임을 한 교사들은 비로소 자신의 삶에 대한 진지한 성찰과 아름다운 완성을 생각하게 된다. 이남구수필가도 비로소 자신만의 인생길에 서서 새로운 제2의 인생길을 탐색하고 있다. 수필가로서의 길에서 그만의 인생 가치와 의미를 어떻게 꽃피워 열매 맺을 것인가에 대한 기구와 함께 탐구의 모습을 보여준다.

'교육'이란 울타리 속에서의 의식과 한계에서 벗어나 한 사람의 작가로서 사회와 세상을 바라보는 입장에 서게 되었다. 말하자면 교육적인 시각만으로 세상을 보지 않고, 작가의 눈과 의식으로 세상을 보게 되었다.

일찍이 독일의 시인 노발리스는 '보이는 것은 보이지 않는 것에 닿아있고, 들리는 것은 들리지 않는 것에 닿아 있고, 생각나는 것은 생각나지 않는 것에 닿아 있다.'고 했다. 일반인은 '보이는 것, 들리는 것, 생각나는 것'을 통해 판단한다. 작가는 '보이는 것'에 닿아있는 '보이지 않는 것', '들리는 것'에 닿아있는 '들리지 않는 것', '생각나는 것'에 닿아있는 '생각나지 않는 것'을 찾아내는 사람이다. 보이는 것은 바깥이어서 누구나 쉽게 볼 수 있는 것이지만, 보이지 않는 것은 안쪽에 있어서 마음의 눈으로 보지 않으면 볼 수 없는 세계이다. 바깥은 누구나 볼 수 있는 것이지만, 속을 들여다보는 것은 경지의 눈이 없으면 불가능한 일이다. 작가는 일반인들이 잘 볼 수 없는 세계를 볼 수 있는 눈을 가졌다.

이남구 수필가는 자신의 삶만이 아니라, 세상(삶, 인생)도 리모델링이 필요함을 말한다. 시대의 변화에 맞게 '리모델링'이라는 '삶의 개선책'이 필요함을 역설한다. 농경시대의 사고나 산업시대의 방식으로는 정보화 시대에 걸 맞는 생활을 영위하기란 어려움이 많을 수밖에 없다. 농경시대는 3대가 한 집에서 함께 살았던 시기이지만, 현대는 1인 가족이 늘어나는 추세이며 점차 개인화 시대가 돼가고 있다. 단일민족 사회였던 우리나라는 어느새 다민족 사회로 변화되고 있다. 시대의 변화에 맞춰 삶의 모습도 달라질 수밖에 없다. 삶에 대한 고정 관념을 버리고, 변화를 수용하는 삶의 모습을 가져나가야 한다. 이남구 수필가의 '삶의 리모델링 론論은 시대의 변화를 수용하여 뒤떨어지지 않는 삶의 추구를 보여준다. 70대인데도 적극적이고 창조적인 삶의 태도는 젊은 층의 의식을 뛰어 넘고 있다. 일회성의 삶을 살고 있는 인간은 오로지 최선의 노력으로 자신의 삶과 인생을 꽃피워내야 할 의무를 안고 있다. '삶의 리모델링'은 변화의 시대를 살아가는 인생 토로에 그치지 않고, 미래의 삶을 위한 처방과 방향을 알려준다는 점에서 개척적인 제언이 아닐 수 없다.

3.

K 형

인쇄술의 발달로 좋은 글, 좋은 책들이 많고 볼거리, 구경거리도 많아 욕심을 가지고 흥미를 갖고 살아간다면 시간이 부족한 세상입니다. 우리 입장에서 보면 그래도 우리들이 수고해서 써지는 시, 수필, 소설 동시, 동요, 평론 등이 읽혀지길 기대합니다. 그런데 요사이 잘 읽어 주지도 않고 자신도 나태해져 좋은 글을 써내지도 못합니다. 글을 쓸려고 할 때마다 이런 고민을 합니다. 어떻게 쓰면 재미있는 글이 되어 읽는 사람이 즐겁게 읽을 것인가? 재미가 없으면 누가 시간을 허비해서 읽겠습니까.

K 형

꼭 흥미 재미가 전부는 물론 아니겠지요. 그리고 또 읽고 나서 다만 얼마라도 얻어지고 느낌과 감동이 오는 글이어야 할까하는 두려움이 앞을 가로 막는 것 같습니다. 재미있는 이야기를 통해서 무엇을 보여 주어야 하지 않을까 하는 책임감도 느껴지기 때문일 것입니다. 자연과 인생에 대해서 작자의 아쉬움과 부족함이 겸허한 마음에서 우러나오는 마음의 물결이 아닌가 싶어 그걸 나타내기가 어려워 그럴 것입니다.

형이 언젠가 내 자신이 살아가는데 있어 아쉬움이나 부족한 점, 실패담이 나타나는 것이 자랑보다는 약점을 쓸 때 독자와의 거리가 좁아지고 자신에게도 발전의 계기가 되는 것이라고 말씀하셨지요.

K 형

전북에 수필의 대가 선배 J가 있었습니다. 저와 술친구 많이 했지요. 그런데 일찍 작고 하셨습니다. 항상 하시는 말씀이 수필은 쉽게 그리고 아쉬운 이야기 재미있는 내용을 쓰라고 항상 말씀하셨어요. 어설피 아는 작자(시인)가 오히려 어렵게 난해한 작품을 양산한다고 하셨어요. 진실로 하고 싶은 말을 그리지 않고서는 배겨내지 못할 때에 쓸 수밖에 없는 글이 곧 수필이라 하셨습니다. 송나라 구양수의 삼다三多도 강조하셨습니다. 즉 많이 읽고 -다독, 많이 지어보고 -다작, 많이 생각해 보는 -다상량이 제일이라고 하셨습니다. 그런데 이런 말씀을 하시다 술이 취하시면 그냥 화장실 가시는 줄 알고 기다리면 아니 오시기에 이 말씀을 머리에 새기며 남은 술을 마시고 나왔습니다.

〈이런 수필을 썼으면〉 일부

〈이런 수필을 썼으면〉은 이남구 수필가의 작품세계를 그대로 보여주는 글이다. 수필가는 모름지기 자신의 수필쓰기에 대한 주제와 방향 설정이 있어야 한다. 자신의 수필이 독자들에게 과연 무엇을 줄 것인가를 염두에 두어야 한다. 수필이 인생의 토로이자 고백이라 할지라도 독자들의 인생에 도움이 되지 않으면 읽을 가치가 없을 것이다. '나의 인생 토로'는 독자들의 인생에 무엇인가 영향을 미칠 수 있어야 함을 말한다. 문학작품은 감동이 있어야 한다.

〈이런 수필을 썼으면〉은 수필쓰기에 대한 성찰이자 방향에 대한 모색의 글이다. 마치 얘기를 나누는 듯이 대화체로 전개하는 기법을 통해 쉽게 소통하면서 정감을 느끼게 만든다. 수필은 너무 난해하거나 전문성을 지닌 내용보다는 일상인들의 관심사나 삶의 발견과 깨달음을 공유하는 매개체가 돼야 한다. 이남구의 수필은 누구나 알기 쉬운 소통언어로 친숙감과 함께 폭 넓은 전파력을 보여주는 장점을 지니고 있다. '어떻게 쓰면 재미있는 글이 되어 읽는 사람이 즐겁게 읽을 것인가?' 이런 생각과 관점 속에 수필쓰기를 지향하고 있음은 독자와의 소통간격을 좁히려는 수필가로서의 노력과 정감을 보여주고 있는 대목이다.

인생의 리모델링과 독자와의 간격을 맞추기 위한 〈이런 수필을 썼으면〉은 후반기 삶에 대한 성찰이자, 수필가로서의 깨달음이 아닐 수 없다. 70세를 넘긴 원로로서의 인생 자화상으로서 〈인생살이도 리모델링이 필요해〉는 후반기 인생을 통한 새롭고 진지한 삶의 재창조와 길을 제시하는 개척자적인 모습을 보여준다는 점에서 신선하고 경이롭다. 인생은 오로지 자신의 설계와 운영으로 장식해야 함을 보여주는 진지하고 능동적인 인생을 보여주고 있다. 늙어감에 따른 푸념이나 좌절, 집안에서 움 추린 삶의 모습을 보이지 않고, 새로운 삶의 길을 탐색하고 즐기려는 인생관은 독자들에게 새로운 삶의 기백을 불어 넣게 해준다. 인생살이를 통해 쌓아온 경험과 삶의 슬기를 한데 모아, 시대감에 뒤떨어지지 않고 새로운 인생살이의 모습을 개척하고자 하는 저자의 도전과 인생 발견이 신선하게 다가온다.

인생이란 자신이 아니면 책임져 줄 사람이 없다. 노년기의 삶을 어떻게 맞고 꽃피워야 하는가에 따라 일생의 평가가 달라진다. 노년기야 말로 인생의 완숙과 깨달음을 꽃피워야 할 때이다. 청년기와 장년기에선 할 수 없었던 일과 소망을 피워내야 한다. 시간을 헛되이 보낼 수 없는 노년기임을 작가는 인식하고 있다. 시대에 뒤떨어지지 않게 새로운 각오와 정열로 인생 성숙의 꽃을 피우기 위한 길에 나서고 있는 모습을 보여준다.

4.

인간은 유한한 존재이므로 '영원'을 동경할 뿐 지닐 수 없다. 삶의 종말인 죽음이후부터 점점 망각 속으로 사라지는 존재에 불과하다. 인간의 영원장치가 있다면 기록이 있을 뿐이다. 인생의 유일한 영원장치가 있다면 '나의 삶과 인생'을 기록한 수필집이 아닐까 한다. 시집과 소설집은 픽션으로 상상을 통해 없었던 일을 있는 것처럼 꾸며놓은 가상의 세계이지만, 수필집은 논픽션으로 실제 자신의 쓴 인생체험기이기 때문이다. 단순한 인생 체험의 기록물이 아니라, 체험을 통한 인생의 발견과 깨달음을 삶의 의미로 꽃피워 놓은 영원장치가 아닐 수 없다.

이남구 수필가는 이번에 제4 수필집을 선보인다. 4권의 수필집에는 자신의 삶과 인생살이에 대한 발견과 느낌, 삶의 희비애락喜悲哀樂과 교훈, 삶에서 얻은 배움의 깨달음의 꽃을 피워 놓았다. 한 개인사에 불과하더라도 삶에서 얻은 지혜와 감동, 삶에서 찾아낸 길을 독자들에게 제시해 주고 있다. 이 수필집들은 저자의 삶과 인생을 보여주는 유일한 영원장치가 아닐 수 없다. 수필집을 내는 일 이외에 개인적인 삶의 영원장치는 따로 존재하지 않는다.

이남구 수필가의 문체는 치열하거나 장엄하지 않다. 미려하거나 특별하지도 않다. 그의 수필에는 인생 체취와 삶의 숨결이 그대로 담겨있다. 수수하나 사려 깊고, 은근하고 정답다. 마주 앉아 막걸리를 마시며 정담을 나누는 벗의 얘기처럼 정겨움이 담겨 있다. 환한 달빛처럼 눈부시지 않고, 반달처럼 꽉 차지 않은 가운데 은근과 그리움이 마음에 다가온다. 다정하고 순박하여 마음이 먼저 호응한다. 이런 수필의 경지는 티나 먼지가 묻지 않은 마음에서 우러나온다.

교육자로서 정년을 맞은 사람이지만, 교육자의 티를 내지 않고 순후하고 겸허한 자세와 후덕한 모습을 보여주고 있다. 교육자의 인생길에서 피워낸 삶에 대한 깨달음의 꽃향기가 있다. 독자들에게는 삶의 엄숙한 교훈보다는 다정한 삶의 정감으로 다가오는 수필의 체취와 맛을 알려줄 것으로 본다. 제4 수필집을 상재하는 이남구 수필가의 건승과 독자들의 호응을 기대한다.

이남구 에세이

인생살이도 리모델링이 필요해

인쇄 2016년 10월 25일
발행 2016년 10월 31일

지은이 이 남 구
발행인 서 정 환
펴낸곳 신아출판사
주소 전북 전주시 완산구 공북 1길 16(태평동 251-30)
전화 (063) 275-4000 · 0484 · 6374
팩스 (063) 274-3131
이메일 shina2347@naver.com sina321@hanmail.net
출판등록 제465-1984-000004호
인쇄 · 제본 신아출판사

ISBN 979-11-5605-382-8 03810
값 13,000원

이 도서의 국립중앙도서관 출판시도서목록(CIP)은 서지정보유통지원시스템 홈페이지(http://seoji.nl.go.kr)와 국가자료공동목록시스템(http://www.nl.go.kr/kolisnet)에서 이용하실 수 있습니다.(CIP제어번호: CIP2016025750)

Printed in KOREA

이 책의 발간비 일부는 전라북도 문화관광재단의 문화예술진흥기금을 지원 받았습니다.